ZS

© Verlag Zabert Sandmann
München
2. Auflage 2010
ISBN 978-3-89883-267-0

Gesamtidee »Lafer! Lichter! Lecker!«	Markus Heidemanns
Grafische Gestaltung	Georg Feigl
Rezeptfotos	Andrea Kramp & Bernd Gölling
Foodstyling	Petra Speckmann
Cover- und Porträtfotos	Dirk Schmidt
Illustrationen	Frank Duffek
Redaktion	Alexandra Schlinz, Eva-Maria Hege, Kathrin Ullerich
Texte	Christian Löwendorf
Herstellung	Karin Mayer, Peter Karg-Cordes
Lithografie	Christine Rühmer
Druck & Bindung	L.E.G.O., Vicenza

Die Kochshow »Lafer! Lichter! Lecker!« ist eine Produktion der »Fernsehmacher« für das Zweite Deutsche Fernsehen. ZDF-Logo lizenziert von ZDF Enterprise GmbH

Eintrittskarten für die Sendung unter Tel.: 040 / 80 81 61 400, E-Mail: karten@fernsehmacher.de

Besuchen Sie uns auch im Internet unter www.zsverlag.de

DER NEUE LAFER! LICHTER! LECKER!

Hausmannskost trifft feine Küche: die neuen Rezepte

ZABERT SANDMANN

Inhalt

Verehrte Leserinnen und Leser,

kürzlich ist mir wieder einmal bewusst geworden, wie glücklich ich mich schätzen kann, den schönsten Job der Welt zu haben. Mein Team und ich hatten auf der Stromburg gerade ein Galamenü für eine große Gesellschaft ausgerichtet, zwölf Gänge. Denken Sie nicht, dass das allein schon einen Traumjob ausmacht. Der Beruf des Kochs wird oftmals falsch eingeschätzt. Wenn wir Fernsehköche im Rotlicht der Kameras unsere Gerichte zubereiten, hat das mit dem Berufsalltag wenig zu tun. Ein Abend wie dieser auf der Stromburg ist verbunden mit großer körperlicher Anstrengung und mentaler Anspannung. Mit akribischer Planung im Vorfeld einerseits und dem Ineinandergreifen von eingespielter Teamarbeit andererseits. Und wie immer und überall im Leben kann man die Tagesform und ein Quäntchen Glück nicht außer Acht lassen. An diesem Abend stimmte alles. Was heißt Abend? Mit allem, was dazugehörte, standen wir für diesen Abend tagelang in der Küche. Als der letzte Gang raus war und die ersten Rückmeldungen vom Service kamen, dass die Gäste begeistert waren, klatschten wir uns alle ab, fielen uns in die Arme und sanken förmlich zu Boden. Die Anspannung fiel von uns ab. Und wie immer setzten wir uns noch einmal zusammen, um alles aufzuarbeiten. Denn glauben Sie mir, natürlich läuft nie alles glatt. Wer Verbesserungspotenzial nicht erkennt, der läuft Gefahr, satt zu sein.

Warum zu einem guten Stück Butter auch Horst gehört

Wir setzten uns hin, und einer von uns holte einen Block Butter an den Tisch, zugegeben, eine wirklich sehr gute französische, mit Meersalz verfeinerte aus der Normandie, aber eben doch nichts weiter als ein wenig Butter. Und ein Laib Sauerteigbrot fand sich auch. In diesem Moment surrte mein Mobiltelefon. Sie werden es nicht glauben – es war eine SMS von meinem guten Freund Horst Lichter. Ich musste schmunzeln. Als hätte er die Butter gerochen. »Johann, mein Johann, Auftritt war ein voller Erfolg! Ausverkauft und einfach geile Stimmung. Müssen LLL-Aufzeichnung vorbereiten. Was kochst Du? LG Dein Horst.« Horst befand sich gerade mit seinem »Sushi ist auch keine Lösung«-Programm auf Tour durch die Republik, und ebenso wie ich und mein Team hatte auch er an diesem Abend alles gegeben, damit alle zufrieden nach Hause gehen. »Bist Du noch wach?«, schickte ich per SMS zurück. »Denkst Du, ich schlafwandel beim SMS-Schreiben?« Ich rief ihn an. Besetzt. Bei mir klopfte es in der Leitung an. Klar, er hatte auch sofort zum Hörer gegriffen. Wir sprachen kurz über die nächsten Sendungen, mit welchen tollen Promis wir Seite an Seite aufzeichnen würden und was denn der andere zubereiten würde. Er erzählte mir vom ausverkauften Auftritt im Circus Krone in München und ich ihm von meinem Galamenü auf der Stromburg. Er erzählte mir, dass Alfons Schuhbeck nun in München einpacken könne, und ich ihm davon, dass ich vor dem Telefonat gerade vorhatte, eine zartschmelzende, leicht gesalzene nordfranzösische Butter auf eine Scheibe Sauerteigbrot zu schmieren. »Johann«, sagte Horst da, »können wir uns nicht glücklich schätzen, den schönsten Job der Welt zu haben?« Und in vielerlei Hinsicht konnte ich Horst nur recht geben. Ohne den Beruf hätten wir uns nicht kennengelernt. Ohne den Beruf gäbe es diese unglaublich schöne und oftmals herrlich lustige Fernsehsendung »Lafer! Lichter! Lecker!« nicht. Und keine Kochbücher mit dem gleichen Titel.

Der schönste Job der Welt

Ich setzte mich wieder zu meinem Team und strich mir einen Klecks Butter aufs Brot. Ließ diesen nussig-salzigen Buttergeschmack auf der Zunge zergehen und hatte das Gefühl, selten etwas Besseres gegessen zu haben. Der perfekte Abschluss eines Tages, an dem ich mir sicher war, den schönsten Job der Welt zu haben. Vielleicht spüren Sie meine Freude in dem einen oder anderen Rezept. Genießen Sie dieses Buch!

Ihr

Johann Lafer

PS: Neben meiner Familie und meinen Mitarbeitern, die mich wegen der LLL-Sendungen oftmals vermissen müssen, danke ich Markus Heidemanns, dem Erfinder von LLL, für seine Freundschaft, dem ZDF für die Sendezeit und dem ZS-Verlag für alles Weitere.

Meine lieben Lafer-Lichter-Leserinnen und -Leser,

unser kleines Fernsehspiel namens »Lafer! Lichter! Lecker!« gibt es nun schon so lange, dass es drei Bücher benötigt, um Ihre Lust nach Rezepten von Johann und mir zu stillen. Seitdem die Papyrusrollen für Buch Nummer eins gepresst wurden, hat sich im Grunde nichts verändert. Wobei, das stimmt nicht ganz. Zum eheähnlichen Verhältnis, das ich seit Jahren mit Johann pflege, sind zwei Komponenten dazugekommen: eine Kroatin und eine Kuh. Vorsicht! Es handelt sich nicht um ein und dieselbe Person! Dass Johann mir zur Hochzeit mit meinem geliebten Nada-Täubchen ausgerechnet eine Kuh namens Laura geschenkt hat, hat unsere Beziehung natürlich erst einmal komplizierter gemacht. Also die zu Johann. Nicht nur, dass es schwer zu organisieren war, wenn ich auf meiner »Sushi ist auch keine Lösung«-Tour in täglich anderen Städten in den Hotels ein Beistellbett für Laura bekommen wollte – nein, immer wieder beschwerten sich auch Gäste, wenn ich im Frühstücksraum frische Milch für meinen Latte muhchiato zapfen wollte. Ich finde trotz allem, es hätte keinen größeren Liebesbeweis von Johann geben können, als mir, dem Butter und Sahne durch die Adern fließen, ausgerechnet ein Milchvieh zu schenken.

Ich bin ein echter »Glückspils«

Ich kann mich wirklich überglücklich schätzen, dass ich so ein Leben leben darf. Eine fantastische Frau, Fernsehsendungen an der Seite von Köchen oder Promis, die nicht nur besser aussehen als Johanns lila Halbschuhe, sondern die auch mehr von ihrem Handwerk verstehen als so manches Handmixgerät. Ich habe mein eigenes Bühnenprogramm, das ich in so ziemlich jeder Stadt des Landes spielen darf, die nicht rechtzeitig die Bürgersteige hochklappt, ich darf Kochbücher schreiben, hab eine eigene Kuh UND die Freundschaft eines Mannes, der so leidenschaftlich kocht, dass er in der Lage ist, die Sonne zu bitten, mal eben von dannen zu ziehen, damit seine Nachtschattengewächse besser gedeihen. Der an der Salatschleuder genauso virtuos kurbelt wie am Steuerknüppel seines Helikopters. Wow, wat bin ich ein Glückspils (ich mag Bier einfach lieber als Champignons).

Rezeptbuch auf zwei Beinen mit sechs Buchstaben: Johann

Noch was zu Johann: Es rührt mich, wenn er bei einer meiner Vorstellungen im Publikum sitzt und so sehr Tränen lacht, dass es den Wasserbedarf einer vierköpfigen Pottwalfamilie decken würde, wenn man diese auffinge. Es ist noch immer so, dass der große Sterne-Zampano Johann L. aus S. auf alle Fragen der modernen Weltklasse-Gastronomie eine Antwort hat. Und zwar eine schnelle. Und ich sage Ihnen, ich erwische ihn nie auf dem falschen Fuß. Egal, ob er gerade in seinem Hubschrauber einem Scheich ein Zehngängemenü zubereitet oder just in dem Moment in Malaysia Mangos erntet, um ihnen das Fliegen beizubringen. Neulich ruf ich ihn an und sage zu ihm: »Johann, du weißt doch immer alles, was mit Kochen zu tun hat, und löst doch auch gern Rätsel: Nenn mir ein Gericht, in dem fünfmal der Buchstabe A vorkommt!« Und wie aus der Pistole geschossen sagt Johann: »Nichts leichter als das: Bananen-Gamba-Pfanne!« Und ich sag: »Mit sechs As!«. Er blitzschnell: »Kein Problem: Pasta-Aal-Salat!« »Acht!«, sag ich. »Steak Tartar auf Bratkartoffel-Aroma, das kann doch jeder ...«, sagt er. Und ich: »Okay, du wandelndes Rezeptbuch. Nenn mir eines mit ZEHN, ich wiederhole, mit ZEHN As!« Da lacht Johann nur und sagt »Ananassalat à la Panama!« All diese Gerichte finden Sie dann bestimmt in einem der nächsten »Lafer! Lichter! Lecker!«-Kochbücher.

Herzlichst Ihr

PS: Markus, Markus, Johann, Eva, / Wär' ich ein Schaf, Ihr wärt die Schäfer. / Alfons, Christian, Fritz und Shu, / Ihr seid die Jäger, ich das Gnu.

Vorspeisen

Johann: Horst, der Verleger hat gesagt, wir sollen uns mal über die Kapitel-Einleitungen unterhalten.

Horst: Was für ein Verleger? Der den Fußboden in unser neues Studio legen soll? Und was für Kapitel? Soll unser neues Buch etwa Kapitel haben?

Johann: Ja, es ist diesmal anders als sonst. Es soll losgehen mit »Vorspeisen«.

Horst: Weißt du, was ich mich schon immer gefragt habe? Warum heißt es eigentlich Vorspeise, wo man doch sehr sicher sagen kann, dass auch die Vorspeise eine Speise ist?

Johann: Es heißt ja auch Kochbuch, obwohl jeder weiß, dass man das Buch selbst nicht kocht!

Lichter's
Oldiethek
LAFER

Knusperspargel

mit zweierlei Dips

Zutaten für 4 Personen:

24 Stangen weißer Spargel
1 unbehandelte Zitrone
50 g Butter
Salz · 1 EL Zucker
50 g Mehl
50 g Kürbiskerne
50 g Semmelbrösel
50 g Panko (asiat. Paniermehl; aus dem Asienladen)
30 g Kokosflocken
4 Eier
50 g geschlagene Sahne
Pfeffer aus der Mühle
Butterschmalz zum Ausbacken
1 unbehandelte Orange
100 g Orangen-Curry-Senf (Fruchtsenf; z. B. von Johann Lafer)
1 EL Honig
4 Bärlauchblätter
Chili aus der Gewürzmühle
1 Limette
1/2 Bund Schnittlauch
30 g Ingwer
200 g Crème fraîche
5 EL Kürbiskernöl
4 Kopfsalatherzen

1 Den Spargel schälen und die holzigen Enden abschneiden. Die Zitrone heiß waschen, trocken reiben und in Scheiben schneiden. In einem Dampfgarer oder Topf mit passendem Dämpfeinsatz Wasser mit der Butter, 1 TL Salz, dem Zucker und den Zitronenscheiben erhitzen. Den Spargel in den Dämpfeinsatz legen und zugedeckt bei mittlerer Hitze 15 Minuten bissfest dämpfen. Den Spargel aus dem Einsatz nehmen und abkühlen lassen. Die Spargelstangen quer halbieren und auf Küchenpapier gut abtropfen lassen.

2 Das Mehl in einen tiefen Teller geben. Die Kürbiskerne im Küchenmixer fein mahlen und mit den Semmelbröseln in einem tiefen Teller mischen. Panko und Kokosflocken ebenfalls in einem tiefen Teller mischen. In einem weiteren tiefen Teller 3 Eier verquirlen, die Sahne unterheben und mit Salz und Pfeffer würzen.

3 Die halbierten Spargelstangen zuerst im Mehl wenden, dann durch die Eier-Sahne-Mischung ziehen und die Hälfte der Stangen mit den Kürbiskernbröseln, die andere Hälfte mit der Kokosmischung panieren. Das Butterschmalz in einer Pfanne erhitzen und die panierten Spargelstangen darin nach und nach goldbraun ausbacken. Herausnehmen, auf Küchenpapier abtropfen lassen und mit Salz würzen.

4 Die Orange heiß waschen, trocken reiben und die Schale fein abreiben. Den Saft auspressen. Die Orangenschale und den -saft mit dem Fruchtsenf und dem Honig mischen. Den Bärlauch waschen und trocken tupfen, fein schneiden und untermischen. Den Dip mit Salz, Pfeffer und Chili aus der Mühle würzen und, falls nötig, mit einigen Panko-Bröseln andicken.

5 Das restliche Ei hart kochen, pellen und in kleine Würfel schneiden. Die Limette halbieren und auspressen. Den Schnittlauch waschen, trocken schütteln und in feine Röllchen schneiden. Den Ingwer schälen und fein reiben. Die Crème fraîche mit dem Limettensaft, den Schnittlauchröllchen, dem Ingwer, dem Kürbiskernöl und dem Ei mischen und den Dip mit Salz und Pfeffer würzen.

6 Die Kopfsalatherzen vierteln, den Strunk und die äußeren Blätter entfernen. Die Spargelstangen mit den Salatherzen auf einer Platte anrichten und die beiden Dips dazu servieren.

Bunter Herbstteller

mit Äpfeln und Zucchini

Zutaten für 4 Personen:

1 Bund Frühlingszwiebeln
400 g Zucchini
400 g gelbe Paprikaschoten
2 große säuerliche Äpfel (z. B. Boskop)
400 g Cocktailtomaten
2 EL Olivenöl
je 2 TL gemahlene Kurkuma und gemahlener Kardamom
400 ml Gemüsebrühe
100 ml Apfelsaft
150 g Crème double (ersatzweise Frischkäse)
Salz · Pfeffer aus der Mühle
einige Korianderstiele

1 Die Frühlingszwiebeln putzen, waschen und in feine Ringe schneiden. Die Zucchini putzen, waschen und schräg in Stücke schneiden. Die Paprikaschoten längs halbieren, entkernen, waschen und ebenfalls schräg in Stücke schneiden. Die Äpfel waschen, mit einem Apfelausstecher die Kerngehäuse entfernen und das Fruchtfleisch in Ringe schneiden. Die Cocktailtomaten waschen und halbieren.

2 Das Olivenöl in einer Pfanne erhitzen und die Apfelringe darin etwa 2 Minuten anbraten, dabei auf beiden Seiten mit Kurkuma und Kardamom bestäuben. Mit der Brühe und dem Apfelsaft ablöschen, die Frühlingszwiebeln, die Zucchini, die Paprika und die Cocktailtomaten hinzufügen und alles bei schwacher Hitze etwa 5 Minuten dünsten. Zuletzt die Crème double unterheben und alles mit Salz und Pfeffer würzen.

3 Den Koriander waschen und trocken schütteln. Den bunten Obst-Gemüse-Mix auf einer großen Platte anrichten und mit dem Koriander garnieren. Als Beilage dazu passt frisches Baguette.

Mein Tipp

Wer keine gemahlene Kurkuma und keinen Kardamom zur Hand hat, würzt die Äpfel in der Pfanne einfach mit etwas mildem Currypulver.

Pralinen vom Hirschschinken

mit Sellerie und Quitten-Chutney

Zutaten für 4 Personen:

400 g Knollensellerie
1 unbehandelte Zitrone
Salz · Pfeffer aus der Mühle
50 g Walnüsse
100 g saure Sahne
4 EL Walnussöl
200 g dünne Scheiben Hirschschinken
3 Quitten
2 Schalotten
1 Knoblauchzehe
1 rote Chilischote
20 g Ingwer
3 EL Butter
50 g Zucker
50 ml trockener Weißwein
60 ml Weißweinessig
30 g getrocknete Cranberrys
150 g junger Feldsalat

1 Den Sellerie putzen, schälen und in feine Streifen hobeln. Die Zitrone heiß waschen, trocken reiben und die Schale fein abreiben. Den Saft von 1/2 Zitrone auspressen. Den Sellerie mit Zitronenschale und -saft mischen und mit Salz und Pfeffer würzen. Die Walnüsse grob hacken und mit der sauren Sahne und 1 EL Walnussöl unter den Sellerie mischen. Alles nochmals mit Salz und Pfeffer würzen.

2 Einen Eisportionierer oder einen kleinen Suppenlöffel mit Frischhaltefolie auskleiden, mit 1 bis 2 Scheiben Schinken auslegen und etwa 1 TL Selleriesalat daraufgeben. Den überstehenden Schinken über der Füllung zusammenklappen und mithilfe der Folie zu einer Kugel formen. Diesen Vorgang wiederholen, bis der Selleriesalat und der Schinken aufgebraucht sind.

3 Die Quitten schälen, vierteln und die Kerngehäuse entfernen, das Fruchtfleisch in kleine Würfel schneiden. Die Schalotten und den Knoblauch schälen und in feine Würfel schneiden. Die Chilischote längs halbieren, entkernen, waschen und in feine Würfel schneiden. Den Ingwer schälen und fein reiben.

4 Die Butter in einer Pfanne erhitzen und die Schalotten, den Knoblauch, die Chili und den Ingwer darin andünsten. Mit dem Zucker bestreuen und goldbraun karamellisieren, dann die Quittenwürfel dazugeben. Alles mit dem Wein und 4 EL Essig ablöschen, einmal aufkochen und bei schwacher Hitze marmeladenartig einkochen lassen. Das Chutney mit Salz und Pfeffer würzen und zuletzt die Cranberrys untermischen.

5 Inzwischen den Feldsalat verlesen, waschen und trocken schleudern. Den restlichen Essig mit etwas Salz und Pfeffer verrühren und das übrige Walnussöl unterrühren. Den Feldsalat damit marinieren. Den Salat auf Tellern anrichten, die Pralinen vom Hirschschinken darauf verteilen und das Quitten-Chutney dazu servieren.

Heilbuttsteaks auf Rucola

mit Orangensauce

Zutaten für 4 Personen:

200 g Rucola
3 EL Aceto balsamico
1 TL Puderzucker
Salz · Pfeffer aus der Mühle
2 Orangen
1/2 Bund Basilikum
4 Heilbuttsteaks
(à 80 g; küchenfertig)
Fleur de Sel
1 EL Olivenöl
10 g kalte Butter

1 Den Rucola verlesen, waschen und trocken schleudern, grobe Stiele entfernen. Den Essig mit dem Puderzucker verrühren und mit Salz und Pfeffer würzen. Die Rucolablätter mit dem Dressing beträufeln und auf Teller verteilen.

2 Eine Orange halbieren und den Saft auspressen. Die andere Orange so großzügig schälen, dass auch die weiße Haut mit entfernt wird. Dann längs halbieren und quer in dünne Scheiben schneiden. Das Basilikum waschen und trocken schütteln, die Blätter abzupfen und einige Blätter für die Deko beiseitelegen, den Rest fein hacken.

3 Den Backofen auf 80 °C vorheizen. Die Heilbuttsteaks waschen und trocken tupfen, mit Fleur de Sel und Pfeffer würzen. Das Olivenöl in einer beschichteten Pfanne erhitzen und den Fisch darin bei schwacher Hitze auf beiden Seiten goldbraun braten. Aus der Pfanne nehmen und im Ofen warm stellen.

4 Den Bratensatz in der Pfanne mit dem Orangensaft ablöschen und etwas einkochen lassen. Die kalte Butter mit dem Schneebesen unterrühren und das Basilikum dazugeben. Die Orangenscheiben in die Sauce geben und kurz darin schwenken.

5 Die Heilbuttsteaks auf dem Rucolasalat anrichten, mit der Sauce beträufeln und die Orangenscheiben danebenlegen. Mit den beiseitegelegten Basilikumblättern garnieren.

Mein Tipp

Den Heilbutt kann man auch einmal durch Rotbarbe, Saibling oder Thunfisch ersetzen – aber auch gebratene Garnelen machen sich gut auf Rucola und Orangenscheiben.

Frische Matjesfilets

mit Speckböhnchen

Zutaten für 4 Personen:

300 g Prinzessbohnen · Salz
120 g durchwachsener Speck (in Scheiben)
1/2 Bund Bohnenkraut
1 Zitrone
100 g Naturjoghurt
100 g Sahne
100 g Crème fraîche
1 TL Senf
Pfeffer aus der Mühle
2 Äpfel
80 g rote Zwiebeln
1/2 Bund Dill
8 Matjesfilets

1 Die Bohnen putzen, waschen und in einem Topf in kochendem Salzwasser 6 bis 8 Minuten bissfest garen. Den Speck in dünne Streifen schneiden. Das Bohnenkraut waschen und trocken schütteln, die Blätter abzupfen und fein hacken.

2 Die Zitrone halbieren und auspressen. Den Joghurt in einer Schüssel mit der Sahne, der Crème fraîche, dem Senf und dem Zitronensaft glatt rühren und mit Salz und Pfeffer kräftig würzen.

3 Die Äpfel waschen, vierteln und die Kerngehäuse entfernen, die Apfelviertel in kleine Würfel schneiden. Die Zwiebeln schälen und in feine Würfel schneiden. Den Dill waschen und trocken schütteln, die Spitzen abzupfen und grob hacken. Den Dill mit den Apfel- und Zwiebelwürfeln unter die Joghurt-Senf-Sauce rühren.

4 Den Speck in einer Pfanne ohne Fett knusprig braten. Die Bohnen mit dem Bohnenkraut dazugeben und mit Salz und Pfeffer würzen. Die Matjesfilets mit den Speckbohnen und der Sauce anrichten. Als Beilage dazu passt Schwarzbrot oder Pumpernickel mit Butter.

Lachsküchlein

mit Avocadocreme

Zutaten für 4 Personen:

1 unbehandelte Zitrone
2 reife Avocados
200 g Schmand
Salz · Pfeffer aus der Mühle
1 Bund Dill
150 g Buchweizenmehl
1 Msp. Backpulver
4 EL weiche Butter
125 ml Milch
2 Eier
2 EL Butterschmalz
8 Scheiben Räucherlachs

1 Die Zitrone heiß waschen, trocken reiben und die Schale fein abreiben. Den Saft auspressen. Eine Avocado halbieren und den Kern entfernen. Die Avocadohälften schälen und mit dem Schmand, der Zitronenschale und 2 EL Zitronensaft mit dem Stabmixer oder im Küchenmixer pürieren. Die Avocadocreme mit Salz und Pfeffer würzen.

2 Die restliche Avocado halbieren und den Kern entfernen. Die Avocadohälften schälen und in Spalten schneiden. Die Avocadospalten sofort mit 2 EL Zitronensaft beträufeln.

3 Den Dill waschen und trocken schütteln, die Spitzen abzupfen und fein hacken. Das Mehl mit dem Backpulver, der Butter, der Milch, 125 ml Wasser, den Eiern und dem Dill zu einem glatten Teig verrühren. Das Butterschmalz in einer Pfanne erhitzen und aus dem Teig nach und nach 8 kleine Küchlein ausbacken, dabei jeweils einmal wenden. Auf Küchenpapier abtropfen lassen.

4 Die Küchlein mit je 1 Scheibe Lachs belegen und die Avocadospalten darauf anrichten. Die Avocadocreme dazu servieren.

Mein Tipp

Lachs und Avocado sind einfach ein Traumpaar! Fans der scharfen Küche können die Avocadocreme gern noch mit einigen Chiliwürfeln »anfeuern«!

Garnelenspieße mit Chorizo

und Auberginen-Salsa

Zutaten für 4 Personen:

2 Auberginen
120 ml Olivenöl
2 Rosmarinzweige
5 Knoblauchzehen
Salz · Pfeffer aus der Mühle
2 Tomaten
2 Schalotten
4–5 EL Weißweinessig
1/2 Bund Schnittlauch
2 Chorizos (ca. 12 cm lang; gut abgehangen)
12 Riesengarnelen (küchenfertig)
1 Baguette
200 g gemischter Blattsalat (z. B. Frisée, Feldsalat, grüner Salat)

1 Die Auberginen waschen, halbieren und mit 3 EL Olivenöl beträufeln. Den Rosmarin waschen, trocken schütteln und grob hacken. 3 Knoblauchzehen schälen und in feine Würfel schneiden. Die Auberginen mit dem Rosmarin und dem Knoblauch bestreuen und mit Salz und Pfeffer würzen. In Alufolie wickeln und auf dem Grill etwa 20 Minuten (oder im auf 160 °C vorgeheizten Backofen 30 bis 40 Minuten) weich garen. Vier lange Holzspieße etwa 10 Minuten in Wasser einweichen.

2 Die Tomaten kreuzweise einritzen, überbrühen, kalt abschrecken, häuten, vierteln, entkernen und in kleine Würfel schneiden. Die Schalotten und den restlichen Knoblauch schälen und in feine Würfel schneiden. Das Fruchtfleisch der Auberginen mit einem Löffel aus den Schalen kratzen und mit den Tomaten-, Schalotten- und Knoblauchwürfeln mischen. Die Salsa kräftig mit Salz, Pfeffer und 2 bis 3 EL Essig abschmecken. Zuletzt 3 EL Olivenöl untermischen. Den Schnittlauch waschen, trocken schütteln und in feine Röllchen schneiden. Die Schnittlauchröllchen unter die Salsa heben.

3 Die Chorizos häuten und längs in dünne Scheiben schneiden. Die Garnelen waschen und trocken tupfen. Je 3 Garnelen mit den Chorizoscheiben wellenförmig auf die Holzspieße stecken. Mit etwas Olivenöl beträufeln und in einer Grillpfanne auf beiden Seiten 1 Minute anbraten. Dann die Hitze reduzieren und die Garnelen weitere 2 bis 3 Minuten gar ziehen lassen.

4 Das Baguette in Scheiben schneiden, mit etwas Olivenöl beträufeln und auf dem Grill oder in einer Grillpfanne goldbraun grillen.

5 Den Salat putzen bzw. verlesen, waschen und trocken schleudern. Auf einer Platte anrichten, mit dem restlichen Olivenöl und Essig beträufeln und mit Salz und Pfeffer würzen. Die Garnelen darauflegen und mit der Auberginen-Salsa und den gegrillten Baguettescheiben servieren.

Herzhafte Kalbsleber
mit Steinpilzen

Zutaten für 4 Personen:

2 Salbeistiele
400 g Kalbsleber (küchenfertig)
4 EL Mehl
4 EL Olivenöl
Salz · Pfeffer aus der Mühle
2 Schalotten
200 g Steinpilze
3 1/2 EL alter Aceto balsamico
1 Mango
2 EL Butter
1 EL Zucker

1 Den Backofen auf 90 °C vorheizen. Den Salbei waschen, trocken schütteln und die Blätter abzupfen. Die Kalbsleber waschen, trocken tupfen und im Mehl wenden. In einer großen Pfanne 2 EL Olivenöl erhitzen und die Kalbsleber darin auf beiden Seiten scharf anbraten, mit Salz und Pfeffer würzen. Die Leber auf ein Backblech geben, mit den Salbeiblättern belegen und im Ofen 10 Minuten gar ziehen lassen.

2 Inzwischen die Schalotten schälen und in feine Würfel schneiden. Die Steinpilze putzen, trocken abreiben und achteln. Das restliche Olivenöl in einer Pfanne erhitzen und die Steinpilze darin gut anbraten. Die Schalotten hinzufügen und kurz mitbraten. Die Pilze mit Salz und Pfeffer würzen und mit dem Essig ablöschen.

3 Die Mango schälen, das Fruchtfleisch in breiten Spalten vom Stein und dann in Scheiben schneiden. Die Butter in einer Pfanne erhitzen und den Zucker darin karamellisieren. Die Mangospalten hinzufügen und kurz darin schwenken.

4 Die Kalbsleber mit den Steinpilzen und der karamellisierten Mango auf Tellern oder einer großen Platte anrichten.

Blutwurst-Kartoffel-Taschen

auf Birnen-Schalotten-Ragout

Zutaten für 4 Personen:

2 mehligkochende Kartoffeln (ca. 300 g)
2 EL Butterschmalz
300 g feine feste Blutwurst
2 Knoblauchzehen
1 Bund Petersilie · 1 Ei
1 TL grobkörniger Senf
Salz · Pfeffer aus der Mühle
Chili aus der Gewürzmühle
2 Nashi-Birnen (jap. Birnensorte)
6 Schalotten
2 EL brauner Zucker
100 ml Birnensaft
2 EL Balsamico bianco
4 Blätter Frühlingsrollenteig (aus dem Kühlregal)
Butterschmalz zum Ausbacken

1 Die Kartoffeln schälen, waschen und auf der Gemüsereibe grob raspeln. Das Butterschmalz in einer Pfanne erhitzen und die Kartoffelraspel darin rundum goldbraun braten. Anschließend auf Küchenpapier abtropfen lassen.

2 Die Blutwurst pellen und in Würfel schneiden. Den Knoblauch schälen, in feine Würfel schneiden und mit der Blutwurst und den Kartoffelraspeln in eine Schüssel geben. Die Petersilie waschen und trocken schütteln, die Blätter abzupfen und fein hacken. Das Ei trennen und das Eiweiß beiseitestellen. Das Eigelb mit der Petersilie und dem Senf zur Blutwurst geben und gut mischen. Alles mit Salz, Pfeffer und Chili aus der Mühle würzen.

3 Für das Ragout die Birnen schälen, vierteln und die Kerngehäuse entfernen. Die Birnenviertel in Spalten schneiden. Die Schalotten schälen und in feine Streifen schneiden. Den Zucker in einer Pfanne schmelzen lassen, die Schalottenstreifen darin andünsten und mit dem Birnensaft ablöschen. Die Birnen hinzufügen und Schalotten und Birnen braten, bis sie karamellisiert sind. Mit dem Essig, Salz, Pfeffer und Chili aus der Mühle abschmecken. Alles sirupartig einkochen und anschließend etwas abkühlen lassen.

4 Die Frühlingsrollen-Teigblätter auf der Arbeitsfläche auslegen und längs halbieren. Das beiseitegestellte Eiweiß verquirlen und die Teigränder damit bestreichen. Jeweils 1 TL Blutwurst-Kartoffel-Füllung daraufgeben, den Teig zu Dreiecken zusammenklappen und die Ränder gut festdrücken. Das Butterschmalz in der Fritteuse oder einem hohen Topf auf 170 °C erhitzen und die Teigtaschen darin 3 bis 4 Minuten goldbraun ausbacken. Mit dem Schaumlöffel herausheben und auf Küchenpapier abtropfen lassen.

5 Das Birnen-Schalotten-Ragout auf Teller verteilen und die Blutwurst-Kartoffel-Taschen darauf anrichten.

Gebackene Mini-Blut- und Leberwurst

mit Apfel-Chutney

Zutaten für 4 Personen:

2 rote Zwiebeln
1 Knoblauchzehe
2 Äpfel
1/2 rote Chilischote
50 g brauner Zucker
100 ml trockener Weißwein
100 ml Apfelsaft
70 ml Balsamico bianco
1 Lorbeerblatt
1 Sternanis
1 Zimtstange
Salz · Pfeffer aus der Mühle
12 kleine Blutwürste
12 Leberwürste
100 g Mehl
50 g Speisestärke
2 Eigelb
Butterschmalz zum Ausbacken
150 g Feldsalat
2 EL alter Aceto balsamico
2 EL Olivenöl

1 Die Zwiebeln und den Knoblauch schälen und in feine Würfel schneiden. Die Äpfel waschen, vierteln und die Kerngehäuse entfernen. Die Apfelviertel in kleine Würfel schneiden. Die Chilischotenhälfte entkernen und waschen.

2 Den braunen Zucker in einer Pfanne hell karamellisieren und die Zwiebel-, Knoblauch- und Apfelwürfel darin andünsten. Mit dem Wein, dem Apfelsaft und dem Essig ablöschen und das Lorbeerblatt, den Sternanis, die Zimtstange und die Chilischote dazugeben. Das Chutney mit Salz und Pfeffer würzen und sirupartig einkochen lassen. Dann die ganzen Gewürze wieder entfernen und das Chutney abkühlen lassen.

3 Die Blut- und Leberwürste pellen und in Scheiben schneiden. Die Hälfte des Mehls mit der Speisestärke, den Eigelben und etwas Salz in einer Schüssel mischen und unter Rühren so viel eiskaltes Wasser dazugießen, bis ein glatter Teig entsteht. Das restliche Mehl in einen tiefen Teller geben.

4 Das Butterschmalz in einer Pfanne erhitzen. Die Blut- und Leberwurstscheiben zuerst im Mehl wenden und dann durch den Backteig ziehen. Im Butterschmalz auf beiden Seiten goldbraun ausbacken. Auf Küchenpapier abtropfen lassen und mit Salz würzen.

5 Den Feldsalat verlesen, waschen und trocken schleudern. Den Essig mit etwas Salz, Pfeffer und dem Olivenöl zu einer Vinaigrette verrühren und den Salat damit marinieren.

6 Das Apfel-Chutney auf Teller verteilen, Blut- und Leberwürste darauf anrichten und mit dem Feldsalat garnieren.

Gefüllte Perlhuhnbrust

auf Granatapfelsalat mit Himbeer-Vinaigrette

Zutaten für 4 Personen:

2 Schalotten
50 g getrocknete Aprikosen
30 g getrocknete Feigen
2 EL Butter
2 cl Rum
Salz · Pfeffer aus der Mühle
Chili aus der Gewürzmühle
4 Perlhuhnbrustfilets
(à ca. 140 g; mit Haut)
2 EL Butterschmalz
je 1 Rosmarin- und
Thymianzweig
1/2 Knoblauchknolle
150 g gemischter Blattsalat
(z. B. Frisée, Rucola, Feldsalat)
2 EL Himbeeressig
1 EL roter Portwein
Zucker · 5 EL Olivenöl
50 g Himbeeren
(frisch oder tiefgekühlt)
1 Granatapfel

1 Die Schalotten schälen und in feine Würfel schneiden. Die Aprikosen und die Feigen ebenfalls in kleine Würfel schneiden. Die Butter in einer Pfanne erhitzen und die Schalotten, Aprikosen und Feigen darin andünsten. Mit dem Rum ablöschen und mit Salz, Pfeffer und Chili aus der Mühle würzen. Die Dörrobstmischung abkühlen lassen.

2 Den Backofen auf 120 °C vorheizen. Die Perlhuhnbrustfilets waschen und trocken tupfen. Jeweils eine tiefe Tasche in das Fleisch schneiden, innen mit Salz und Pfeffer würzen und mit der Dörrobstmischung füllen. Die Filets nach Belieben mit kleinen Holzspießen verschließen.

3 Das Butterschmalz in einer ofenfesten Pfanne erhitzen und die Perlhuhnbrustfilets darin auf beiden Seiten anbraten. Die Kräuterzweige waschen, trocken schütteln und mit dem ungeschälten Knoblauch in die Pfanne geben. Die Perlhuhnbrustfilets im Ofen auf der mittleren Schiene 10 bis 12 Minuten fertig garen.

4 Inzwischen den Salat putzen bzw. verlesen, waschen und trocken schleudern. Den Essig mit dem Portwein mischen und mit Salz, Pfeffer und Zucker würzen, dann das Olivenöl unterrühren. Zuletzt die frischen Himbeeren oder die aufgetauten Tiefkühlbeeren dazugeben.

5 Den Granatapfel halbieren und die Kerne mit einer Gabel herauslösen. Den Salat mit der Vinaigrette marinieren, auf Teller verteilen und die Granatapfelkerne darüberstreuen. Die Perlhuhnbrustfilets in Scheiben schneiden und auf dem Salat anrichten.

Mein Tipp

Wenn Kinder mitessen, können Sie statt Rum Apfelsaft verwenden und den Portwein in der Vinaigrette durch 1 EL Himbeersaft ersetzen.

Rinder-Carpaccio

mit Koriander-Pesto und Ziegenkäsetaschen

Zutaten für 4 Personen:

400 g Rinderfilet
(aus dem Mittelstück)
1 Knoblauchzehe
50 g Macadamianüsse
80 g Korianderstiele
120 ml Olivenöl
30 g Parmesan (am Stück)
Salz
weißer Pfeffer aus der Mühle
100 g gemischter Blattsalat
(z. B. Rucola, Frisée, Radicchio)
1/2 unbehandelte Zitrone
200 g Ziegenfrischkäse
1 EL Honig
Chili aus der Gewürzmühle
4 Blätter Frühlingsrollenteig
(aus dem Kühlregal)
1 Eiweiß
Butterschmalz zum Ausbacken

1 Das Rinderfilet von Fett und Sehnen befreien, waschen und trocken tupfen. Einen passenden Bogen Frischhaltefolie auf der Arbeitsfläche auslegen, das Rinderfilet fest darin einwickeln und die Enden wie bei einem Bonbon eindrehen. Das Fleisch im Tiefkühlfach etwa 30 Minuten anfrieren lassen.

2 Inzwischen für das Pesto den Knoblauch schälen und in grobe Würfel schneiden. Die Macadamianüsse in einer Pfanne ohne Fett unter Rühren goldbraun rösten. Aus der Pfanne nehmen und abkühlen lassen. Den Koriander waschen, trocken schütteln und die Blätter abzupfen. Den Knoblauch mit Macadamianüssen, Koriander und 100 ml Olivenöl im Küchenmixer pürieren. Den Parmesan fein reiben, untermischen und das Pesto mit Salz und Pfeffer würzen. Den Salat putzen bzw. verlesen, waschen und trocken schleudern.

3 Das Filet aus der Folie wickeln und mit einem scharfen Messer in dünne Scheiben schneiden. Einen Bogen Frischhaltefolie mit 1 EL Olivenöl dünn bestreichen und die Fleischscheiben nebeneinander (in der Größe der Teller) darauf auslegen. Einen zweiten Bogen Frischhaltefolie dünn mit Olivenöl bestreichen und auf das Fleisch legen. Die Fleischscheiben mit dem Plattiereisen flach klopfen. Den Vorgang dreimal wiederholen.

4 Vier flache Teller mit dem restlichen Olivenöl bestreichen. Die obere Folie vom Fleisch abziehen. Einen Teller umgedreht darauflegen und mithilfe eines Holzbretts wenden. Die zweite Folie ebenfalls abziehen. Das Carpaccio mit dem Großteil des Pestos bestreichen, mit Salz und Pfeffer würzen und die Salatblätter darauf verteilen.

5 Die Zitronenhälfte heiß waschen, trocken reiben und die Schale fein abreiben. Den Saft auspressen. Den Ziegenkäse mit Honig, Zitronenschale und -saft verrühren und mit Salz, Pfeffer und Chili aus der Mühle würzen. Die Frühlingsrollen-Teigblätter auf der Arbeitsfläche auslegen und längs halbieren. Das Eiweiß verquirlen und die Teigränder damit bestreichen. Jeweils 1 TL Ziegenkäsecreme daraufgeben, den Teig zu Dreiecken zusammenklappen und die Ränder gut festdrücken. Das Butterschmalz in der Fritteuse oder einem hohen Topf auf 170 °C erhitzen und die Teigtaschen darin goldbraun ausbacken. Auf Küchenpapier abtropfen lassen. Die Ziegenkäsetaschen mit dem restlichen Pesto beträufeln und zu dem Rinder-Carpaccio servieren.

Omas Tatarschnittchen

mit Kapern und Sardellen

Zutaten für 4 Personen:

1 TL eingelegte Kapern
2 eingelegte Sardellenfilets
2 Schalotten
8 kleine Salatherzen
500 g Rinderfilet
1 TL Öl
2 Eigelb
Salz · Pfeffer aus der Mühle
8 Scheiben Weißbrot
Butter zum Bestreichen

1 Die Kapern und die Sardellen abtropfen lassen und mit einem scharfen Messer so fein schneiden, dass fast ein Mus entsteht. Die Schalotten schälen und in feine Würfel schneiden. Die Salatherzen zerpflücken, waschen und trocken schleudern.

2 Das Rinderfilet waschen, trocken tupfen und quer halbieren. Eine Filethälfte zunächst in hauchdünne Scheiben schneiden und diese dann grob hacken. Dabei das Fleisch immer wieder zu einem Haufen zusammenschieben – so verliert es seine rote Farbe nicht so schnell. Mit der zweiten Rinderfilethälfte ebenso verfahren.

3 Das Fleisch mit den Kapern, den Sardellen, den Schalotten, dem Öl und den Eigelben in eine Schüssel geben. Mit Salz und Pfeffer würzen und vorsichtig mit einer Gabel mischen.

4 Das Weißbrot toasten, mit etwas Butter bestreichen und mit dem Salat belegen. Das Tatar darauf verteilen und nach Belieben mit Petersilie garniert servieren.

Pizza

mit Artischocken und Tomaten

Zutaten für 4 Personen:

25 g frische Hefe
400 g Mehl
Salz
Mehl für die Arbeitsfläche
1 Zitrone
8 kleine Artischocken
2 EL Olivenöl
Pfeffer aus der Mühle
2 Schalotten
2 Knoblauchzehen
100 g getrocknete, in Öl eingelegte Tomaten
1 Rosmarinzweig
2 Thymianzweige
1 TL Zucker
1 EL Tomatenmark
200 ml trockener Weißwein
300 ml Tomatensaft
4 Tomaten
150 g schwarze Oliven (entsteint, in Öl eingelegt)
50 g Kapernäpfel
70 g Pecorino (am Stück)
4 Petersilienstiele

1 Die Hefe zerbröckeln, in einer Schüssel in 250 ml lauwarmem Wasser auflösen und mit 2 EL Mehl verrühren. Den Vorteig zugedeckt 15 Minuten gehen lassen. Das restliche Mehl und 1 TL Salz hinzufügen und alles zu einem glatten, geschmeidigen Teig verkneten. Den Hefeteig vierteln und jeweils zu einer Kugel formen. Die Teigkugeln zugedeckt an einem warmen Ort 30 bis 40 Minuten gehen lassen.

2 Ein Backblech mit Backpapier auslegen. Die Teigkugeln auf der bemehlten Arbeitsfläche zu runden, flachen Fladen ausrollen, auf das Blech legen und nochmals 5 Minuten gehen lassen.

3 Die Zitrone auspressen. Von den Artischocken die harten, grünen Blätter entfernen, die Spitzen abschneiden und den Stiel dünn schälen. Die Artischocken mit Zitronensaft einreiben, längs halbieren und in dünne Scheiben schneiden. Das Olivenöl in einer Pfanne erhitzen und die Artischockenscheiben darin 3 bis 4 Minuten braten. Mit Salz und Pfeffer würzen und auf Küchenpapier abtropfen lassen.

4 Für die Tomatensauce die Schalotten und den Knoblauch schälen und in feine Würfel schneiden. Die getrockneten Tomaten in kleine Würfel schneiden. Die Kräuterzweige waschen und trocken schütteln, die Nadeln bzw. Blättchen abzupfen und fein hacken.

5 Den Zucker in einem Topf hell karamellisieren. Das Tomatenmark und die Schalotten- und Knoblauchwürfel dazugeben und andünsten. Die getrockneten Tomaten hinzufügen, mit dem Wein ablöschen und den Tomatensaft dazugießen. Die Sauce mit Salz und Pfeffer würzen und dickflüssig einkochen lassen. Anschließend etwas abkühlen lassen.

6 Den Backofen auf 210 °C vorheizen. Die Tomaten kreuzweise einritzen, überbrühen, kalt abschrecken, häuten, vierteln, entkernen und in Streifen schneiden. Die Oliven und die Kapernäpfel halbieren. Die Tomatensauce auf den Hefeteigböden verteilen und die Pizzen mit den Artischocken, den Oliven, den Tomatenstreifen und den Kapernäpfeln belegen.

7 Den Pecorino reiben und die Pizzen damit bestreuen. Je 2 Pizzen auf ein Backblech geben und im Ofen auf der mittleren Schiene 8 bis 10 Minuten backen. Inzwischen die Petersilie waschen, trocken schütteln und die Blätter abzupfen. Die Pizzen aus dem Ofen nehmen und mit der Petersilie bestreuen.

Jakobsmuscheln

mit Orangensauce

Zutaten für 4 Personen:

Für die Sauce:

3 Orangen (davon 1 unbehandelt)
10 g Ingwer
4 Eigelb
150 ml trockener Weißwein
Salz
Zucker

Für die Muscheln:

je $^{1}/_{2}$ Bund Kerbel und Estragon
12 Jakobsmuscheln
(küchenfertig)
Meersalz
Pfeffer aus der Mühle
50 g Butterschmalz
100 ml trockener Weißwein

1 Für die Sauce die unbehandelte Orange heiß waschen, trocken reiben und die Schale fein abreiben. Die Orange und 1 weitere Orange auspressen. Die restliche Orange so großzügig schälen, dass auch die weiße Haut mit entfernt wird. Die Fruchtfilets aus den Trennhäuten schneiden. Den Ingwer schälen und fein reiben.

2 Die Eigelbe mit der Orangenschale und dem -saft, dem Ingwer und dem Wein in eine Metallschüssel geben und über dem heißen Wasserbad schaumig aufschlagen. Die Orangensauce mit Salz und 1 Prise Zucker abschmecken.

3 Für die Muscheln die Kräuter waschen und trocken schütteln, die Blätter abzupfen und fein hacken. Dabei einige Stiele für die Deko beiseitelegen. Die Jakobsmuscheln waschen, trocken tupfen und mit Meersalz und Pfeffer würzen.

4 Das Butterschmalz in einer Pfanne erhitzen und die Muscheln darin auf beiden Seiten kurz anbraten. Die Kräuter hinzufügen, alles mit dem Wein ablöschen und die Muscheln zugedeckt bei schwacher Hitze etwa 3 Minuten dünsten.

5 Die Orangensauce und die -filets auf Teller verteilen und je 3 Jakobsmuscheln daraufsetzen. Mit den beiseitegelegten Kräutern garnieren.

Gebeizte Jakobsmuscheln

auf Pastinakenrösti

Zutaten für 4 Personen:

2 unbehandelte Limetten
1 EL Limettenmarmelade
70 ml Olivenöl
2 EL grobes Meersalz
1 EL Zucker
1 EL gehackter Koriander
8 Jakobsmuscheln (küchenfertig)
300 g festkochende Kartoffeln
300 g Pastinaken
1 EL Speisestärke
2 EL Butterschmalz
Salz · Pfeffer aus der Mühle
150 g gemischter Blattsalat
(z. B. Frisée, Rucola, Feldsalat)
2 EL Balsamico bianco
1 TL Honig
100 g Crème fraîche

1 Die Limetten heiß waschen, trocken reiben und die Schale fein abreiben. Eine Limette auspressen und den Saft beiseitestellen. Die Marmelade mit 3 EL Olivenöl, dem Meersalz, dem Zucker, der Limettenschale und dem Koriander zu einer zähflüssigen Beize verrühren.

2 Die Jakobsmuscheln waschen, trocken tupfen und quer halbieren. Die Muscheln in einer ofenfesten Form mit der Beize beträufeln und rundum damit bestreichen. Im Kühlschrank zugedeckt 30 Minuten marinieren.

3 Inzwischen die Kartoffeln und Pastinaken schälen, waschen und mithilfe einer speziellen Kartoffel-Gemüse-Maschine zu langen Spaghetti drehen (oder mit einem Messer in sehr feine Streifen schneiden). In einer Schüssel mit der Speisestärke gut mischen.

4 Die Hälfte des Butterschmalzes in einer Pfanne erhitzen. Die Hälfte der Gemüsefäden darin verteilen, etwas flach drücken und zu einer Rösti formen. Auf beiden Seiten goldbraun braten, mit Salz und Pfeffer würzen und auf Küchenpapier abtropfen lassen. Mit der anderen Hälfte ebenso verfahren. Aus den Rösti 16 kleine Kreise in der Größe der Jakobsmuscheln (etwa 3 cm Durchmesser) ausstechen.

5 Den Salat putzen bzw. verlesen, waschen und trocken schleudern. Den Essig mit dem Honig und dem restlichen Olivenöl zu einer Vinaigrette verrühren und mit Salz und Pfeffer würzen. Den Salat damit marinieren. Die Crème fraîche in einer Schüssel mit dem beiseitegestellten Limettensaft verrühren und mit Salz und Pfeffer würzen.

6 Den Salat auf Teller verteilen. Jede Pastinakenrösti mit einer gebeizten Jakobsmuschelhälfte belegen, auf dem Salat anrichten und mit der Limettencreme beträufeln.

Salate & Suppen

Johann: Horst, hör mal, ich habe ein Rätsel für dich.

Horst: Du sprichst in Rätseln, Johann.

Johann: Was unterscheidet Rucola und Radicchio und Minestrone und Bouillabaisse?

Horst: Für wie blöd hältst du mich eigentlich, Johann? Glaubst du, dass ich darauf reinfalle?

Johann: Na, dann sag schon ...

Horst: Okay, lass mich überlegen, worauf du hinauswillst. Dass ich alle nicht fehlerfrei schreiben könnte, ist ja eher eine Gemeinsamkeit ...

Johann: Das ist aber nicht die Antwort!

Horst: Was unterscheidet die denn?

Johann: Die Punktzahl beim Scrabble!

Horst: Die Punktzahl beim Scrabble?

Johann: Ja klar! (lacht sich kaputt)

Möhren-Fenchel-Salat

mit Schinken-Grissini

Zutaten für 4 Personen:

2 große Möhren
1 Fenchelknolle
1 süßsaurer Apfel (z. B. Elstar)
1 unbehandelte Zitrone
1 Bund Minze
1 Bund Schnittlauch
200 g Sahnequark
50 g Sahne
2 TL mittelscharfer Senf
Salz · Chilipulver
Cayennepfeffer
8 Grissini-Stangen
8 Scheiben Parmaschinken

1 Die Möhren putzen und schälen, den Fenchel putzen und waschen. Den Apfel schälen, vierteln und das Kerngehäuse entfernen. Das Gemüse und die Apfelviertel in feine Streifen schneiden oder raspeln und in eine Schüssel geben, dabei 4 EL Gemüse- und Obststreifen für die Deko beiseitestellen.

2 Die Zitrone heiß waschen, trocken reiben und die Schale fein abreiben. Den Saft auspressen. Die Zitronenschale und den -saft in die Schüssel zu den Gemüse- und Obststreifen geben und alles gut mischen.

3 Die Minze waschen und trocken schütteln, die Blätter abzupfen und in feine Streifen schneiden. Den Schnittlauch waschen, trocken schütteln und in feine Röllchen schneiden. Den Quark mit der Sahne glatt rühren, die Kräuter untermischen und mit dem Senf, Salz, Chilipulver und Cayennepfeffer würzen.

4 Den Möhren-Fenchel-Mix mit dem Kräuterquark mischen. Den Salat in Gläsern anrichten und mit den beiseitegestellten Gemüse- und Obststreifen garnieren. Die Grissini-Stangen an einem Ende mit dem Parmaschinken umwickeln und zu dem Salat servieren.

Mein Tipp

Toll schmeckt das Rezept auch, wenn man statt der mit Schinken umwickelten Grissini die Knabberstangen mit Rosmarin oder Sesam (gibt es entweder fertig zu kaufen oder selbst gemacht) zu dem Salat serviert.

Löwenzahnsalat

mit gebackenen Wachteleiern und Kräutercreme

Zutaten für 4 Personen:

1 Bund gemischte Kräuter (für Frankfurter Grüne Sauce)
100 g Sahne
100 g Crème fraîche
Salz · Pfeffer aus der Mühle
Saft von $^{1}/_{2}$ Zitrone
8 Wachteleier
2 Hühnereier
50 g Mehl
150 g Semmelbrösel
Butterschmalz zum Ausbacken
150 g Löwenzahn (ersatzweise Feld- und Kopfsalat)
2 Schalotten
50 ml Apfelsaft
2 EL Balsamico bianco
1 TL milder Senf
je 3 EL Traubenkern- und Sonnenblumenöl

1 Die Kräuter waschen, trocken schütteln und die Blätter abzupfen. Die Kräuter und die Hälfte der Sahne in einen hohen Rührbecher geben und mit dem Stabmixer fein pürieren. Die Crème fraîche unterrühren und die Kräutercreme mit Salz, Pfeffer und Zitronensaft würzen.

2 Die Wachteleier in einem Topf in kochendem Wasser 2 $^{1}/_{2}$ bis 3 Minuten garen. Herausheben, kalt abschrecken und pellen.

3 Die restliche Sahne steif schlagen. Die Hühnereier in einem tiefen Teller verquirlen und die geschlagene Sahne unterziehen, mit Salz und Pfeffer würzen. Das Mehl und die Semmelbrösel ebenfalls jeweils in einen tiefen Teller geben. Die Wachteleier zuerst im Mehl wenden, dann durch die Eier-Sahne-Mischung ziehen und zuletzt mit den Semmelbröseln panieren.

4 Reichlich Butterschmalz in einer Pfanne erhitzen und die Wachteleier darin rundum goldbraun ausbacken. Mit dem Schaumlöffel herausheben und auf Küchenpapier abtropfen lassen.

5 Den Löwenzahn verlesen, waschen und trocken schleudern, grobe Stiele entfernen. Die Schalotten schälen und in feine Würfel schneiden. Den Apfelsaft, den Essig, den Senf und die Schalottenwürfel in einer Schüssel mischen und mit Salz und Pfeffer würzen. Beide Ölsorten nach und nach dazugießen und unterrühren.

6 Den Salat mit der Vinaigrette marinieren und auf Teller verteilen. Die gebackenen Wachteleier halbieren, neben dem Salat anrichten und die Kräutercreme dazu servieren.

Gemischter Salat

mit Speck, Birnen und Scampi

Zutaten für 4 Personen:

2 Birnen
Saft von 1/2 Zitrone
50 ml Walnussöl
3 EL Aceto balsamico
Salz · Pfeffer aus der Mühle
8 Scampi (mit Schale)
1 Knoblauchzehe
1 EL Olivenöl
1 Fenchelknolle
150 g Feldsalat
150 g junger Blattspinat
1 Chicorée
2 EL Pinienkerne
8 Scheiben durchwachsener Speck

1 Die Birnen schälen, vierteln und die Kerngehäuse entfernen. Die Birnenviertel in feine Spalten schneiden und mit dem Zitronensaft beträufeln.

2 Das Walnussöl und den Essig in einer großen Schüssel mit dem Schneebesen verrühren, bis eine cremige Emulsion entstanden ist. Die Vinaigrette mit Salz und Pfeffer würzen und beiseitestellen.

3 Die Scampi schälen, am Rücken entlang einschneiden und den dunklen Darm entfernen. Die Scampi waschen und trocken tupfen. Den Knoblauch schälen und in dünne Scheiben schneiden. Das Olivenöl in einer Pfanne erhitzen und die Scampi darin auf beiden Seiten kurz braten. Am Ende der Garzeit die Knoblauchscheiben hinzufügen und die Scampi mit wenig Salz und Pfeffer würzen.

4 Den Fenchel putzen, waschen und halbieren, den Strunk entfernen und einige Blätter ablösen. Die Tellerränder mit den Fenchelblättern belegen. Die gebratenen Scampi auf dem Fenchel verteilen und mit etwas Bratöl beträufeln.

5 Den Feldsalat und den Spinat verlesen und waschen, den Chicorée putzen und waschen. Alle Salate trocken schleudern und mit der Vinaigrette in einer Schüssel mischen. Die Pinienkerne in einer Pfanne ohne Fett goldbraun rösten. Den Speck in einer Pfanne ohne Fett auf beiden Seiten kross braten. Auf Küchenpapier abtropfen lassen.

6 Den Salat mittig auf den Tellern verteilen und die Birnenspalten und Speckscheiben darauf anrichten. Mit Pinienkernen bestreut servieren.

Mein Tipp

Für den kleinen Geldbeutel kann man die Scampi natürlich auch durch Garnelen ersetzen. Oder man lässt sie einfach ganz weg – die klassische Kombination aus Speck und Birnen schmeckt auch solo sehr lecker!

Garnelen-Ananas-Salat

im Brotkörbchen

Zutaten für 4 Personen:

4 Scheiben Tramezzini-Brot
Olivenöl für die Form und zum Beträufeln
1 Ananas
100 g Cocktailtomaten
1 Knoblauchzehe
2 Frühlingszwiebeln
2 EL Balsamico bianco
Salz · Pfeffer aus der Mühle
Zucker
4 EL Olivenöl
300 g kleine Garnelen (geschält und vorgegart)
100 g Mini-Mozzarellakugeln
1 Bund Basilikum

1 Den Backofen auf 190 °C vorheizen. Die Brotscheiben halbieren, sodass Quadrate entstehen, und mit dem Nudelholz dünn ausrollen. Die Vertiefungen eines Muffinbackblechs mit Olivenöl einfetten. Die Brotscheiben vorsichtig in die Vertiefungen drücken und mit Olivenöl beträufeln. Im Ofen auf der mittleren Schiene 7 bis 8 Minuten backen.

2 Die Ananas putzen, schälen, vierteln und den harten Strunk entfernen. Das Fruchtfleisch in Würfel schneiden. Die Cocktailtomaten waschen und vierteln. Den Knoblauch schälen und in feine Würfel schneiden. Die Frühlingszwiebeln putzen, waschen und in feine Ringe schneiden.

3 Den Essig in einer kleinen Schüssel mit Salz, Pfeffer und 1 Prise Zucker würzen und das Olivenöl unterrühren. Die Ananas, die Cocktailtomaten, den Knoblauch und die Frühlingszwiebeln mit den Garnelen und dem Mozzarella in eine Schüssel geben, mit der Vinaigrette beträufeln und alles gut mischen.

4 Das Basilikum waschen und trocken schütteln, die Blätter abzupfen und 10 Blätter in feine Streifen schneiden. Den Rest für die Deko beiseitelegen. Die Basilikumstreifen zum Salat geben und diesen 15 Minuten ziehen lassen.

5 Die Brotkörbchen auf eine Platte setzen und mit dem Garnelen-Ananas-Salat füllen. Mit dem restlichen Basilikum garnieren.

Mein Tipp

In den Brotkörbchen können Sie auch andere Salate und Vorspeisen servieren. Sie sind ein Hingucker auf jedem Büfett und können auch aus Graubrot gebacken werden.

Kürbis-Feldsalat

mit roten Linsen

Zutaten für 4 Personen:

200 g Feldsalat
250 g Kürbisfleisch
(z. B. Butternuss, Hokkaido)
1 Zwiebel
1 Knoblauchzehe
40 g rote Linsen
Salz · 6 EL Olivenöl
4 EL Aceto balsamico
2 TL Honig
Pfeffer aus der Mühle
320 g Putenbrustfilet
1 EL Butterschmalz

1 Den Feldsalat verlesen, waschen und trocken schleudern. Das Kürbisfleisch in dünne Spalten schneiden. Die Zwiebel und den Knoblauch schälen und in feine Scheiben schneiden.

2 Die Linsen in einem Topf in Wasser etwa 8 Minuten garen, am Ende der Garzeit leicht salzen. In ein Sieb abgießen und abtropfen lassen. In einer Pfanne 2 EL Olivenöl erhitzen und die Kürbisspalten darin 10 bis 12 Minuten bissfest braten. Die Zwiebel und den Knoblauch hinzufügen und mitbraten.

3 Das restliche Olivenöl mit dem Essig und dem Honig verrühren und mit Salz und Pfeffer kräftig würzen.

4 Das Putenbrustfilet waschen, trocken tupfen und in Streifen schneiden. Das Butterschmalz in einer Pfanne erhitzen und die Filetstreifen darin kross braten. Mit Salz und Pfeffer würzen.

5 Den Feldsalat auf Teller verteilen, die gebratenen Kürbisspalten sowie die Linsen darauf anrichten und reichlich mit der Vinaigrette beträufeln. Den Salat mit den Putenbruststreifen belegen.

Mein Tipp

Falls Sie den orangeroten Hokkaidokürbis verwenden, können Sie sich das Schälen im Gegensatz zu anderen Kürbissorten sparen: Seine dünne Schale wird beim Garen weich und kann mitgegessen werden.

Gänseleber
in der Walnusskruste mit Feldsalat

Zutaten für 4 Personen:
320 g Feldsalat
2 EL gemischte Kräuter (z. B. Petersilie, Liebstöckel, Schnittlauchröllchen)
2 EL Himbeeressig · Salz
weißer Pfeffer aus der Mühle
4 EL Walnussöl
80 g Mehl
280 g Walnüsse
4 Eier
480 g Gänselebern (küchenfertig)
1 EL Butterschmalz
200 g Cocktailtomaten

1 Den Feldsalat verlesen, waschen und trocken schleudern. Die Kräuter gegebenenfalls fein hacken. Für die Vinaigrette den Essig mit Salz und Pfeffer und nach Belieben mit 1 EL Honig würzen. Das Walnussöl sowie die Kräuter unterrühren.

2 Das Mehl in einen tiefen Teller geben. Die Walnüsse im Blitzhacker mahlen und in einen weiteren tiefen Teller geben. Die Eier in einem tiefen Teller verquirlen. Die Gänselebern waschen und trocken tupfen. Die Lebern zuerst im Mehl wenden, dann durch die Eier ziehen und zuletzt mit den Walnüssen panieren, dabei leicht andrücken.

3 Das Butterschmalz in einer Pfanne erhitzen und die Gänselebern darin 2 Minuten rundum goldbraun braten.

4 Die Cocktailtomaten waschen und halbieren. Mit dem Feldsalat in eine Schüssel geben und mit der Vinaigrette beträufeln. Die gebratenen Gänselebern mit dem Feldsalat auf Tellern anrichten.

Wintersalat

mit Rehfilet und Champignons

Zutaten für 4 Personen:

2 Birnen
1 TL Zitronensaft
Zucker
1 Vanilleschote
1 Schuss trockener Weißwein
200 g gemischter Blattsalat der Saison (z. B. Radicchio, Chicorée, Rucola)
40 g Walnüsse
2 EL Aceto balsamico
2 cl trockener Sherry
1 EL Honig · Salz
Pfeffer aus der Mühle
4 EL Walnussöl
500 g Rehrückenfilet (pariert)
2 EL Butterschmalz
1 Thymianzweig
je 1/2 TL schwarze Pfefferkörner und Wacholderbeeren
6 EL Butter
2 Scheiben Toastbrot
200 g Champignons
1 Schalotte
1 EL Olivenöl

1 Die Birnen schälen, halbieren und die Kerngehäuse entfernen. Birnenhälften mit dem Zitronensaft beträufeln. In einem Topf 250 ml Wasser mit etwas Zucker, der Vanilleschote und dem Wein zum Kochen bringen. Die Birnen hinzufügen und bei mittlerer Hitze 10 Minuten bissfest garen. Herausnehmen und abkühlen lassen.

2 Den Salat putzen bzw. verlesen, waschen und trocken schleudern. Die Walnüsse grob hacken. Für die Vinaigrette den Essig mit dem Sherry und dem Honig verrühren und mit Salz und Pfeffer würzen. Das Walnussöl unterrühren und zuletzt die Nüsse hinzufügen.

3 Den Backofen auf 180 °C (Umluft) vorheizen. Das Rehrückenfilet waschen, trocken tupfen und rundum mit Salz und Pfeffer würzen. Das Butterschmalz in einer Pfanne erhitzen und den Rehrücken darin auf beiden Seiten 1 bis 2 Minuten scharf anbraten. Den Thymian waschen und trocken schütteln. Die Pfefferkörner und die Wacholderbeeren leicht zerstoßen, mit dem Thymianzweig in die Pfanne geben und kurz ziehen lassen. Alles auf ein Backblech geben, 2 EL Butter in Flocken auf dem Fleisch verteilen und das Rehfilet im Ofen auf der mittleren Schiene 10 bis 12 Minuten ziehen lassen.

4 Das Toastbrot entrinden und in grobe Würfel schneiden. In einer Pfanne 2 EL Butter erhitzen und die Brotwürfel darin rundum knusprig rösten. Mit Salz und Pfeffer würzen.

5 Die Champignons putzen, trocken abreiben und nach Belieben halbieren oder vierteln. Die Schalotte schälen und in feine Würfel schneiden. Die restliche Butter in einer Pfanne erhitzen, das Olivenöl dazugeben und die Schalotte darin andünsten. Die Champignons hinzufügen und scharf anbraten. Mit Salz und Pfeffer würzen.

6 Den Salat auf Tellern oder einer großen Platte anrichten. Die Champignons, die Birnenhälften und die Croûtons darauf verteilen. Das Rehrückenfilet in Scheiben schneiden und dazulegen. Alles mit der Vinaigrette beträufeln.

Fenchelsuppe

mit Safranschaum und Garnelen-Tempura

Zutaten für 4 Personen:

3 Fenchelknollen
1 unbehandelte Orange
2 Thymianzweige
50 ml trockener Weißwein
Salz · Pfeffer aus der Mühle
10 g Zucker
200 g mehligkochende Kartoffeln
3 EL Olivenöl
1 l Fischfond
2 Schalotten
1 Knoblauchzehe
60 g kalte Butter
1/2 Döschen Safranfäden (0,05 g)
100 ml weißer Portwein
200 g Sahne
100 g Tempuramehl
1 Eiweiß
Chili aus der Gewürzmühle
100 g Mehl
8 Riesengarnelen (mit Schale)
Butterschmalz zum Ausbacken

1 Den Backofen auf 180 °C (Umluft) vorheizen. Die Fenchelknollen putzen, waschen und vierteln, den Strunk entfernen. Die Orange heiß waschen und vierteln. Den Thymian waschen und trocken schütteln.

2 Einen großen Bogen Alufolie doppelt falten und zu einer Schale formen. Den Fenchel, die Orange und den Thymian hineingeben und den Wein dazugießen. Mit Salz, Pfeffer und dem Zucker würzen. Die Folie fest verschließen und den Fenchel im Ofen auf der mittleren Schiene 30 Minuten garen.

3 Inzwischen die Kartoffeln schälen, waschen und in grobe Würfel schneiden. Das Olivenöl in einem Topf erhitzen und die Kartoffelwürfel darin andünsten. Den Fenchel samt den Aromaten und dem entstandenen Sud hinzufügen. 600 ml Fond dazugießen und alles 20 Minuten köcheln lassen. Dann die Orangenviertel und den Thymian entfernen und die Suppe mit dem Stabmixer pürieren. Durch ein Sieb streichen und nochmals aufkochen lassen. Mit Salz und Pfeffer würzen.

4 Für den Safranschaum die Schalotten und den Knoblauch schälen und in grobe Würfel schneiden. In einem Topf 20 g Butter erhitzen und die Schalotten, den Knoblauch und den Safran darin andünsten. Mit dem Portwein ablöschen, den restlichen Fond und die Sahne dazugießen und alles auf die Hälfte einkochen lassen. Den Safransud mit Salz und Pfeffer würzen und mit dem Stabmixer schaumig aufschlagen. Die restliche Butter in Würfeln dazugeben und untermixen.

5 Das Tempuramehl mit 220 ml eiskaltem Wasser und dem Eiweiß zu einem dünnflüssigen Teig verrühren und mit Salz und Chili aus der Mühle würzen. Das Mehl in einen tiefen Teller geben.

6 Die Garnelen bis auf das Schwanzstück schälen, am Rücken entlang einschneiden und den dunklen Darm entfernen. Die Garnelen waschen, trocken tupfen und jeweils auf einen kleinen Holzspieß stecken. Zunächst im Mehl wenden und dann durch den Teig ziehen. Das Butterschmalz in einer Pfanne erhitzen und die Garnelen im Fett goldbraun ausbacken. Auf Küchenpapier abtropfen lassen und mit Salz würzen.

7 Die Fenchelsuppe auf Gläser verteilen, den Safranschaum nochmals aufmixen und jeweils etwas Schaum auf die Suppe geben. Je 2 Garnelen darauflegen und nach Belieben mit Fenchelgrün garnieren.

Orangenschaumsuppe

mit Aal-Croûtons

Zutaten für 4 Personen:

4 1/2 unbehandelte Orangen
4 Schalotten
1 EL Currypulver
1 TL getrocknete Rosenblätter (aus der Apotheke)
2 EL Honig
400 ml Gemüsebrühe
Salz
weißer Pfeffer aus der Mühle
250 g Sahne
50 g kalte Butter
1/2 Baguette
2 EL Olivenöl
300 g geräucherter Aal
1 Knoblauchzehe
1/2 Bund Schnittlauch
1 TL Senf mit Honig (z. B. von Johann Lafer)
Meersalz

1 Die Orangen heiß waschen und trocken reiben. Von 4 Orangen die Schale fein abreiben und den Saft auspressen. 2 Schalotten schälen und in feine Würfel schneiden.

2 Das Currypulver mit den Rosenblättern mischen und mit dem Honig und der Orangenschale in einem Topf 1 bis 2 Minuten dünsten. Den Orangensaft und die Brühe dazugießen und die Suppe 10 Minuten köcheln lassen. Mit Salz und Pfeffer würzen. 200 g Sahne dazugeben und alles weitere 5 Minuten köcheln lassen. Die Suppe mit dem Stabmixer schaumig schlagen. Nach und nach die Butter in Würfeln dazugeben und untermixen.

3 Für die Croûtons den Backofen auf 180 °C vorheizen. Das Baguette in dünne Scheiben schneiden, mit dem Olivenöl beträufeln und im Ofen auf der mittleren Schiene goldbraun und knusprig backen. Den Aal häuten und in Würfel schneiden. Die restlichen Schalotten und den Knoblauch schälen und in feine Würfel schneiden. Den Schnittlauch waschen, trocken schütteln und in feine Röllchen schneiden.

4 Den Backofengrill auf 200 °C vorheizen. Den Aal mit den Schalotten, dem Knoblauch, dem Senf und dem Schnittlauch in einer Schüssel mischen und mit Salz und Pfeffer würzen. Die gerösteten Brotscheiben mit der Aalmischung belegen und unter dem Grill auf der mittleren Schiene 2 bis 3 Minuten gratinieren.

5 Die Schale der restlichen Orangenhälfte fein abreiben und mit etwas Meersalz mischen. Kurz vor dem Servieren die übrige Sahne steif schlagen, zur Suppe geben und alles nochmals mit dem Stabmixer aufschlagen. Die Orangenschaumsuppe auf tiefe Teller verteilen, mit dem Orangensalz bestreuen und die Aal-Croûtons dazu servieren.

Rote-Bete-Suppe

mit Wasabi-Schaum und knusprigen Garnelen

Zutaten für 4 Personen:

400 g Rote Bete
20 g Ingwer
4 Schalotten
3 Knoblauchzehen
3 EL Olivenöl
1 l Geflügelfond
330 g Sahne
Salz · Pfeffer aus der Mühle
50 g kalte Butter
3 TL Wasabi-Paste
Mehl zum Wenden
2 Eier
40 g Wasabi-Kürbiskerne
(aus dem Feinkostladen)
40 g Panko (asiat. Paniermehl;
aus dem Asienladen)
8 Garnelen (küchenfertig)
Butterschmalz zum Ausbacken

1 Den Backofen auf 180 °C vorheizen. Die Rote Bete in Alufolie wickeln und im Ofen auf der mittleren Schiene etwa 1 1/2 Stunden garen. Aus dem Ofen nehmen, die Knollen aus der Folie wickeln, schälen und in Würfel schneiden (dabei am besten Einweghandschuhe tragen). Den Ingwer schälen und fein reiben. Je 2 Schalotten und Knoblauchzehen schälen und in feine Würfel schneiden. Das Olivenöl in einem Topf erhitzen und die Rote-Bete-Würfel darin mit Ingwer, Schalotten und Knoblauch andünsten. Dann 700 ml Fond und 150 g Sahne dazugießen und alles bei mittlerer Hitze etwa 25 Minuten köcheln lassen.

2 Ein Drittel der gegarten Rote-Bete-Würfel mit dem Schaumlöffel herausnehmen und beiseitelegen. Die Suppe mit Salz und Pfeffer würzen, mit dem Stabmixer fein pürieren und durch ein Sieb streichen.

3 Für den Wasabi-Schaum die restlichen Schalotten und den Knoblauch schälen und in feine Würfel schneiden. In einer Pfanne 20 g Butter erhitzen und die Schalotten und den Knoblauch darin andünsten. Den restlichen Fond und 150 g Sahne dazugießen und etwa 10 Minuten leicht köcheln lassen. Die Wasabi-Paste unterrühren, den Sud kräftig mit Salz und Pfeffer würzen und mit dem Stabmixer schaumig aufschlagen. Dabei nach und nach die restliche Butter in Würfeln dazugeben und untermixen.

4 Das Mehl in einen tiefen Teller geben. Die Eier in einem tiefen Teller verquirlen. Die restliche Sahne steif schlagen und unter die Eier ziehen. Die Wasabi-Kürbiskerne im Küchenmixer fein mahlen und mit den Panko-Bröseln in einem weiteren tiefen Teller mischen.

5 Die Garnelen waschen, trocken tupfen und mit Salz und Pfeffer würzen. Die Garnelen zuerst im Mehl wenden, dann durch die Eier-Sahne-Mischung ziehen und zuletzt mit den Kürbis-Panko-Bröseln panieren. Das Butterschmalz in einer Pfanne erhitzen und die Garnelen darin goldbraun ausbacken. Auf Küchenpapier abtropfen lassen.

6 Die Rote-Bete-Suppe und die beiseitegelegten Rote-Bete-Würfel auf tiefe Teller verteilen, den Wasabi-Schaum daraufgeben und mit den knusprigen Garnelen servieren.

Kresserahmsuppe

mit Steinpilzen

Zutaten für 4 Personen:

200 g Steinpilze
100 g Mangold
Salz · 1 Zwiebel
3 EL Butter
100 ml Riesling
(oder ein anderer trockener Weißwein)
1 l Gemüsebrühe
200 g Sahne
1 EL Öl
Pfeffer aus der Mühle
110 g Gartenkresse
150 g Crème fraîche

1 Die Steinpilze putzen, trocken abreiben und in Scheiben schneiden. Den Mangold putzen, waschen und in einem Topf in kochendem Salzwasser blanchieren. In ein Sieb abgießen und abtropfen lassen. Dann die Mangoldblätter klein schneiden. Die Zwiebel schälen und in feine Würfel schneiden.

2 Die Butter in einem Topf erhitzen und die Zwiebelwürfel darin andünsten. Den Mangold und die Hälfte der Pilzscheiben hinzufügen und etwa 3 Minuten mitdünsten. Mit dem Riesling ablöschen und alles etwa 10 Minuten leicht köcheln lassen. Die Brühe und die Sahne hinzufügen und die Suppe etwa 5 Minuten weiterköcheln lassen.

3 Inzwischen das Öl erhitzen und die restlichen Steinpilzscheiben darin auf beiden Seiten anbraten. Die Pilze mit Salz und Pfeffer würzen und beiseitestellen.

4 Die Suppe mit dem Stabmixer pürieren. Die Gartenkresse waschen und trocken tupfen. Etwa 2 EL für die Deko beiseitelegen, die restliche Kresse hacken und mit der Crème fraîche zur Suppe geben. Nochmals pürieren und mit Salz und Pfeffer würzen. Die Kresserahmsuppe auf tiefe Teller oder Suppentassen verteilen und mit den gebratenen Pilzen und der restlichen Kresse garnieren.

Perlsüppchen

mit gebratenen Jakobsmuscheln

Zutaten für 4 Personen:
2 Schalotten
2 Frühlingszwiebeln
70 g kalte Butter
1 EL Mehl
500 ml Fischfond
100 ml Prosecco
600 g Sahne
Salz · Pfeffer aus der Mühle
1 Bund Dill
100 g Crème fraîche
1 Zitrone
8 Jakobsmuscheln (küchenfertig)

1 Die Schalotten schälen und in feine Würfel schneiden. Die Frühlingszwiebeln putzen, waschen und in feine Ringe schneiden. In einem Topf 20 g Butter erhitzen, die Schalotten und die Frühlingszwiebeln darin andünsten. Mit dem Mehl bestäuben. Den Fond, den Prosecco und 500 g Sahne dazugießen und alles auf ein Drittel einköcheln lassen.

2 Die Suppe durch ein Sieb streichen, mit dem Stabmixer aufschäumen und mit Salz und Pfeffer würzen. Die Suppe bei schwacher Hitze ziehen, aber nicht mehr kochen lassen.

3 Den Dill waschen, trocken schütteln und 4 Stiele für die Deko beiseitelegen. Von den restlichen Stielen die Spitzen abzupfen und fein hacken. Die übrige Sahne steif schlagen und mit der Crème fraîche, 20 g kalter Butter und dem gehackten Dill vorsichtig unter die Suppe rühren. Die Zitrone halbieren und auspressen. Die Suppe mit 1 Spritzer Zitronensaft und, falls nötig, nochmals mit Salz und Pfeffer abschmecken.

4 Die Jakobsmuscheln waschen und trocken tupfen, auf beiden Seiten mit dem restlichen Zitronensaft beträufeln und mit Salz und Pfeffer würzen. Die restliche Butter in einer Pfanne erhitzen und die Jakobsmuscheln darin bei mittlerer Hitze kurz auf beiden Seiten anbraten. Die Pfanne vom Herd nehmen und die Jakobsmuscheln in der Resthitze gar ziehen lassen.

5 Die Suppe auf tiefe Teller verteilen, die gebratenen Jakobsmuscheln darin anrichten und mit dem Dill garnieren.

Mein Tipp

Wenn die Schwiegermutter zu Besuch kommt, ersetzen Sie doch den Prosecco in der Suppe am besten durch Champagner – und trinken den Rest zur Beruhigung.

Weiße Bohnensuppe

mit Vanille und Jakobsmuscheln

Zutaten für 4 Personen:

300 g getrocknete weiße Bohnen
6 Knoblauchzehen
3 Thymianzweige
200 ml Fleischbrühe
1 Vanilleschote
300 ml Milch
400 ml Fischfond
Salz · Pfeffer aus der Mühle
2 EL geschlagene Sahne
40 g kalte Butter
4 EL weiche Butter
1/2 Bund Petersilie
8 Jakobsmuscheln (küchenfertig)
2 EL Olivenöl
1/2 Knoblauchknolle (quer halbiert)
Chili aus der Gewürzmühle

1 Am Vortag die Bohnen in eine Schüssel in kaltes Wasser geben und über Nacht einweichen. Am nächsten Tag 2 Knoblauchzehen schälen und andrücken. Den Thymian waschen und trocken schütteln. Die eingeweichten Bohnen abgießen. Mit der Brühe, 800 ml frischem Wasser, 2 Thymianzweigen und den angedrückten Knoblauchzehen in einen Topf geben und bei schwacher Hitze etwa 1 Stunde weich garen.

2 Den restlichen Knoblauch schälen. Die Vanilleschote der Länge nach aufschneiden und das Mark herauskratzen. Die Milch mit dem Knoblauch, dem Vanillemark und der -schote in einem Topf aufkochen und bei schwacher Hitze 10 Minuten ziehen lassen. Die Vanilleschote und den Knoblauch wieder entfernen.

3 Den Thymian und den Knoblauch aus den Bohnen entfernen. Ein Drittel der Bohnen herausnehmen und beiseitestellen, den Rest mit der Vanille-Knoblauch-Milch und dem Fond in den Küchenmixer geben und fein pürieren. Wieder in den Topf geben (dabei nach Belieben durch ein Sieb streichen) und mit Salz und Pfeffer würzen. Die Sahne und die kalte Butter in Würfeln unterrühren.

4 In einer Pfanne 3 EL Butter erhitzen und die beiseitegestellten Bohnen darin schwenken. Die Petersilie waschen und trocken schütteln, die Blätter abzupfen und hacken. Die gehackte Petersilie zu den Bohnen geben und alles mit Salz und Pfeffer würzen.

5 Die Jakobsmuscheln waschen und trocken tupfen. Das Olivenöl in einer Pfanne erhitzen und die Muscheln darin auf beiden Seiten kurz anbraten. Die Knoblauchknolle mit der Schnittfläche nach unten, den übrigen Thymianzweig und die restliche Butter dazugeben und die Jakobsmuscheln bei schwacher Hitze einige Minuten mit der Butter glasieren – sie sollten innen noch glasig sein. Mit Salz, Pfeffer und Chili aus der Mühle würzen.

6 Die weiße Bohnensuppe auf tiefe Teller verteilen, die Bohnen und die Jakobsmuscheln darauf anrichten. Die Suppe nach Belieben mit Petersilie garnieren.

Kartoffel-Pastinaken-Suppe

mit Leberwurst-Crostini

Zutaten für 4 Personen:

200 g Pastinaken
300 g mehligkochende Kartoffeln
3 Schalotten
50 g Butter
700 ml Gemüsefond
Salz
weißer Pfeffer aus der Mühle
Saft von 1/2 Zitrone
1/2 Baguette
2 EL Olivenöl
150 g feine Leberwurst
1 Knoblauchzehe
1 Majoranstiel
1/2 rote Chilischote
1/2 Bund Schnittlauch
50 g Sahne

1 Die Pastinaken putzen und schälen, die Kartoffeln schälen und waschen. Beides in grobe Würfel schneiden. 2 Schalotten schälen und ebenfalls in grobe Würfel schneiden. Die Butter in einem Topf erhitzen und die Gemüsewürfel darin andünsten. Den Fond dazugießen und das Gemüse etwa 10 Minuten weich köcheln lassen.

2 Dann die Suppe mit dem Stabmixer fein pürieren und durch ein Sieb streichen. Nochmals aufkochen lassen und mit Salz, Pfeffer und Zitronensaft würzen.

3 Für die Crostini das Baguette mit einem scharfen Messer in dünne Scheiben schneiden, mit dem Olivenöl beträufeln und in einer Pfanne auf beiden Seiten goldbraun rösten.

4 Den Backofengrill auf 200 °C vorheizen. Die Leberwurst mit einer Gabel zerdrücken. Die restliche Schalotte und den Koblauch schälen und in feine Würfel schneiden. Den Majoran waschen und trocken schütteln, die Blätter abzupfen und fein hacken. Die Chilischote entkernen, waschen und in feine Würfel schneiden.

5 Schalotte, Knoblauch, Majoran und Chili unter die Leberwurst mischen und die Baguettescheiben damit bestreichen. Die Brotscheiben im Ofen auf der mittleren Schiene etwa 3 Minuten überbacken.

6 Den Schnittlauch waschen, trocken schütteln und in feine Röllchen schneiden. Die Sahne steif schlagen, unter die Suppe rühren und die Suppe mit dem Stabmixer nochmals schaumig aufschlagen. Die Kartoffel-Pastinaken-Suppe auf tiefe Teller verteilen, die Crostini dazu anrichten und mit den Schnittlauchröllchen garnieren.

Zwiebelsuppe

mit Käse-Croûtons

Zutaten für 4 Personen:

400 g Gemüsezwiebeln
200 g Lauch
2 EL Butter
1 EL Tomatenmark
125 ml trockener Weißwein
750 ml Rinderfond
1 Majoranstiel
Salz · Pfeffer aus der Mühle
Zucker
2 Scheiben dunkles Bauernbrot
100 g Greyerzer
(schweiz. Hartkäse; am Stück)
1 Eigelb
1 TL Senf

1 Die Gemüsezwiebeln schälen und in feine Ringe schneiden. Den Lauch putzen, waschen und ebenfalls in feine Ringe schneiden. Die Butter in einem Topf erhitzen und die Zwiebelringe darin goldbraun rösten. Den Lauch und das Tomatenmark hinzufügen und kurz mitrösten. Mit dem Wein ablöschen und unter ständigem Rühren den Fond dazugießen.

2 Den Majoran waschen, trocken schütteln und die Blätter abzupfen. Die Suppe mit Majoran, Salz, Pfeffer sowie Zucker und nach Belieben mit 1/2 TL ganzem Kümmel würzen und bei mittlerer Hitze etwa 10 Minuten köcheln lassen.

3 Den Backofengrill einschalten. Aus dem Brot 4 Kreise ausstechen. Den Greyerzer reiben und mit dem Eigelb und dem Senf verrühren. Die Brotkreise mit der Käsemasse bestreichen und unter dem Grill auf der obersten Schiene 10 Minuten gratinieren.

4 Die Zwiebelsuppe auf tiefe Teller verteilen und jeweils 1 Käse-Croûton hineinsetzen. Die Suppe nach Belieben mit Majoran garnieren.

Kürbiscremesuppe

mit Butter-Crossini

Zutaten für 4 Personen:

1 kg Muskatkürbis
1 großer säuerlicher Apfel (z. B. Boskoop)
3 TL Butter
3 EL Zucker
60 ml trockener Weißwein
800 ml Gemüsebrühe
1 cm Ingwer
1 Lorbeerblatt
4 Scheiben Weißbrot
2 EL Kürbiskerne
50 g Sahne
Salz · Pfeffer aus der Mühle
1/2 TL gemahlene Kurkuma
1/2 TL Currypulver
1 Msp. Chilipulver
frisch geriebene Muskatnuss

1 Den Kürbis schälen, mit einem Löffel die Kerne entfernen und das Kürbisfleisch in etwa 3 cm große Stücke schneiden. Den Apfel schälen und vierteln und das Kerngehäuse entfernen. Die Apfelviertel in grobe Würfel schneiden.

2 In einem großen Topf 2 TL Butter erhitzen und den Zucker darin karamellisieren. Den Kürbis und den Apfel hinzufügen und darin scharf anbraten. Mit dem Wein und der Brühe ablöschen. Den Ingwer schälen, reiben und mit dem Lorbeerblatt in den Topf geben. Die Suppe bei mittlerer Hitze etwa 15 Minuten köcheln lassen.

3 Inzwischen das Weißbrot in Würfel schneiden. Die restliche Butter in einer Pfanne erhitzen und die Brotwürfel darin rundum goldbraun und knusprig rösten. Die Kürbiskerne in einer Pfanne ohne Fett anrösten.

4 Das Lorbeerblatt aus der Suppe entfernen und diese mit dem Stabmixer pürieren. Die Sahne dazugießen und die Suppe mit Salz, Pfeffer, Kurkuma, Curry- und Chilipulver sowie Muskatnuss pikant würzen.

5 Die Kürbiscremesuppe auf tiefe Teller verteilen oder in einer Suppenterrine anrichten und mit den Butter-Crossini und den gerösteten Kürbiskernen garnieren.

Mein Tipp

Am besten servieren Sie die Suppe ganz klassisch mit einigen Tropfen Kürbiskernöl.

Fisch & Meeresfrüchte

Horst und Johann schlendern über
den Hamburger Fischmarkt.

Horst: Guck mal, Johann! Dahinten
an dem Fischstand, das ist aber wirklich seltsam.

Johann: Was denn? Der hat doch eine tolle Auswahl!

Horst: Ja, aber man sagt doch immer:
Schuster bleib bei deinem Leisten.

Johann: Ja, und?

Horst: Na, da steht, die verkaufen 'nen Knurrhahn!

Johann: Knurrhahn! Das ist ein Fisch!

Horst: Na klar, und Meeresfrüchte kaufst du
am Obststand nebenan.

Lichter's
Oldiethek

Loup de Mer in der Salzkruste

mit Orangen-Chili-Polenta

Zutaten für 4 Personen:

1 Loup de Mer
(ca. 1,4 kg; küchenfertig)
1 unbehandelte Zitrone
50 g gemischte Kräuter
(z. B. Rosmarin, Thymian, Salbei,
Minze, Petersilie)
3 kg grobes Meersalz
2 rote Paprikaschoten
2 rote Chilischoten
1 unbehandelte Orange
1 Schalotte
2 Knoblauchzehen
3 EL Olivenöl
100 g grobkörnige Polenta
450 ml Orangensaft
Salz · Pfeffer aus der Mühle
2 EL geschlagene Sahne
30 g kalte Butter
einige Minzestiele

1 Den Backofen auf 180 °C vorheizen. Den Loup de Mer innen und außen waschen, trocken tupfen und die Flossen mit einer Schere abschneiden. Die Zitrone heiß waschen, trocken reiben und in Scheiben schneiden. Die Kräuter waschen, trocken schütteln und grob zerkleinern. Den Fisch mit den Zitronenscheiben und einigen Kräuterzweigen füllen. Ein großes Backblech mit Alufolie auslegen. Die restlichen Kräuter unter das Salz mischen und ein Drittel des Salzes auf das Blech geben. Den Fisch darauflegen, mit dem restlichen Salz bedecken und das Salz gut andrücken. Den Fisch im Ofen auf der mittleren Schiene 40 bis 50 Minuten garen.

2 Für die Polenta die Paprikaschoten waschen, trocken reiben und auf dem Grill etwa 10 Minuten rundum grillen. Dann die Schoten längs halbieren, entkernen und in kleine Würfel schneiden. Die Chilischoten längs halbieren, entkernen, waschen und in feine Würfel schneiden. Die Orange heiß waschen, trocken reiben und die Schale fein abreiben. Die Schalotte und den Knoblauch schälen und in feine Würfel schneiden.

3 Das Olivenöl in einem Topf erhitzen und die Polenta mit der Schalotte, dem Knoblauch, der Chili und der Orangenschale darin anrösten. Den Orangensaft dazugießen und unterrühren. Die Polenta bei schwacher Hitze 20 Minuten quellen lassen. Mit Salz und Pfeffer würzen. Die Sahne und die kalte Butter in Würfeln unterrühren. Zuletzt die Paprikawürfel untermischen.

4 Den Fisch aus dem Ofen nehmen und die Salzkruste vorsichtig aufklopfen. Den Loup de Mer filetieren und die Fischfilets mit der Polenta auf Tellern anrichten. Die Minze waschen und trocken schütteln, die Blätter abzupfen, hacken und über den Fisch streuen.

Mein Tipp

Den Loup de Mer können Sie übrigens auch auf einem Kugelgrill zubereiten: Dafür am besten 2 kleine Fische kaufen und in 2 Alu-Grillschalen wie oben beschrieben in Salz hüllen. Die Fische auf dem Grill mit geschlossenem Deckel 40 bis 50 Minuten garen.

Orangen-Curry-Lachs im Strudelteig

auf Petersilienwurzel-Lauch-Ragout

Zutaten für 4 Personen:

800 g Lachsfilet (küchenfertig)
2 EL Senf
abgeriebene Schale von
1/2 unbehandelten Orange
1 TL Currypulver
4 Strudelteigblätter
(ca. 20 x 30 cm;
aus dem Kühlregal)
80 g Butter
Currypulver zum Bestäuben
3 Petersilienwurzeln
1 Stange Lauch · Salz
2 Schalotten
1/2 rote Chilischote
abgeriebene Schale von
1 unbehandelten Limette
200 ml Gemüsefond
150 g Sahne
Pfeffer aus der Mühle
2 EL gehackter Koriander

1 Das Lachsfilet waschen und trocken tupfen. Den Senf mit der Orangenschale und dem Currypulver in einer Schüssel verrühren und das Lachsfilet damit auf beiden Seiten bestreichen. Den Fisch im Kühlschrank 30 Minuten ziehen lassen.

2 Den Backofen auf 170 °C vorheizen. Ein Backblech mit Backpapier auslegen. Die Strudelteigblätter auf der Arbeitsfläche nebeneinander auslegen. In einem kleinen Topf 50 g Butter zerlassen, die Teigblätter mit der Butter bestreichen und aufeinanderlegen. Den marinierten Lachs daraufsetzen, in den Strudelteig einschlagen und die Enden verschließen. Den Strudelteig außen ebenfalls mit Butter bestreichen, mit etwas Currypulver bestäuben und auf das Blech legen. Den Lachsstrudel im Ofen auf der mittleren Schiene 15 bis 20 Minuten garen.

3 Die Petersilienwurzeln putzen, schälen und schräg in dünne Scheiben schneiden. Den Lauch putzen, längs halbieren, waschen und in etwa 2 cm lange Stücke schneiden. Beide Gemüsesorten nacheinander in einem Topf in kochendem Salzwasser 2 bis 3 Minuten blanchieren. Mit dem Schaumlöffel herausheben, kalt abschrecken und gut abtropfen lassen.

4 Die Schalotten schälen und in feine Würfel schneiden. Die Chilischote entkernen, waschen und in feine Würfel schneiden. Die restliche Butter in einer Pfanne erhitzen und die Schalotten und die Petersilienwurzeln darin andünsten. Die Limettenschale und die Chiliwürfel hinzufügen. Den Fond und die Sahne dazugießen und das Gemüse darin etwa 5 Minuten nicht zu weich garen. Den Lauch dazugeben, erwärmen und das Gemüse mit Salz und Pfeffer würzen. Den Koriander unterrühren und das Gemüseragout auf Teller verteilen.

5 Den Lachsstrudel aus dem Ofen nehmen, in Stücke schneiden und den Fisch mit Salz und Pfeffer würzen. Den Lachs im Strudelteig auf dem Petersilienwurzel-Lauch-Ragout anrichten und nach Belieben mit Kerbel garnieren. Als Beilage dazu passt Reis oder Couscous.

Lachsfilet
mit Rucola-Risotto

Zutaten für 4 Personen:

Für den Risotto:

650 ml Gemüsebrühe
1 Schalotte
4 EL Butter
250 g Risottoreis (z. B. Vialone)
150 ml trockener Weißwein
250 g Rucola
50 g Parmesan (am Stück)
Salz · Pfeffer aus der Mühle

Für den Fisch:

4 Lachsfilets
(à 180 g; küchenfertig)
2 EL Olivenöl
Saft von 1 Zitrone
1 TL gemahlener Koriander
Salz · Pfeffer aus der Mühle
6 Thymianzweige
125 ml trockener Weißwein
125 ml Fischfond
2 Lorbeerblätter
1 unbehandelte Zitrone

1 Die Brühe erhitzen. Die Schalotte schälen und in feine Würfel schneiden. In einem Topf 3 EL Butter erhitzen und die Schalottenwürfel darin bei mittlerer Hitze andünsten. Den Reis hinzufügen und glasig dünsten. Mit dem Wein ablöschen und unter Rühren einköcheln lassen. Ein Drittel der heißen Brühe zum Reis gießen und unter häufigem Rühren bei schwacher Hitze köcheln lassen, bis der Reis die Flüssigkeit aufgenommen hat. Diesen Vorgang zweimal wiederholen, bis die Brühe aufgebraucht ist. Dabei immer wieder rühren.

2 Den Rucola verlesen, waschen und trocken schleudern, grobe Stiele entfernen. Die Rucolablätter klein zupfen, 200 g abwiegen und, kurz bevor der Risotto bissfest gegart ist, unterheben. Den Rucola 3 Minuten mitgaren und den Topf vom Herd nehmen. Den Parmesan fein reiben und mit der restlichen Butter sowie 30 g Rucolablättern unter den Risotto rühren. Mit Salz und Pfeffer würzen.

3 Die Lachsfilets waschen und trocken tupfen, auf beiden Seiten mit Olivenöl bestreichen und mit dem Zitronensaft beträufeln. Den Koriander in einer Schüssel mit etwas Salz und Pfeffer mischen und den Fisch damit einreiben. Die Fischfilets in einen Dämpfeinsatz legen.

4 Von dem Thymian die Blättchen abzupfen und fein hacken. Mit Wein, Fond und Lorbeerblättern in den Dämpftopf geben und aufkochen lassen. Den Fisch daraufsetzen und zugedeckt 10 Minuten dämpfen.

5 Die Zitrone heiß waschen, trocken reiben und in Scheiben schneiden. Den Lachs mit dem Rucola-Risotto auf Tellern anrichten und nach Belieben mit Rucola sowie den Zitronenscheiben garnieren.

Mein Tipp

Beim Risottokochen ist die heiße Brühe das A und O: Gibt man die Brühe kalt dazu, wird der Garprozess immer wieder unterbrochen und der Risotto wird nicht so schön cremig, wie er sein sollte!

Caipirinha-Lachs

auf Kartoffelrösti

Zutaten für 4 Personen:

4 unbehandelte Limetten
700 g Lachsfilet (küchenfertig)
1 EL Rohrzucker
3 cl weißer Rum
600 g große festkochende Kartoffeln
3 EL Butterschmalz
Salz
1 rote Chilischote
100 g Crème fraîche
1 TL geriebener Ingwer
Pfeffer aus der Mühle
8 Cocktailtomaten
1 Kästchen Gartenkresse

1 Am Vortag 3 Limetten heiß waschen, trocken reiben und die Schale fein abreiben. Den Saft auspressen. Das Lachsfilet waschen, trocken tupfen und mit der Limettenschale sowie dem Rohrzucker bestreuen. Mit dem Rum und dem Limettensaft in einen Gefrierbeutel geben, verschließen und im Kühlschrank über Nacht marinieren.

2 Am nächsten Tag den Backofen auf 180 °C vorheizen. Die Kartoffeln schälen, waschen und auf dem Gemüsehobel in dünne Scheiben hobeln. Das Butterschmalz in einer Pfanne erhitzen und die Kartoffelscheiben darin unter gelegentlichem Wenden 3 bis 5 Minuten anbraten. Kleine quadratische Backförmchen (10 x 10 cm) fächerförmig mit den Kartoffelscheiben auslegen und die Kartoffeln im Ofen auf der mittleren Schiene 10 Minuten backen. Herausnehmen, auf Küchenpapier stürzen und abtropfen lassen, mit Salz würzen.

3 Die Chilischote längs halbieren, entkernen, waschen und in feine Würfel schneiden. Die restliche Limette halbieren und auspressen. Die Crème fraîche mit den Chiliwürfeln, dem Limettensaft und dem Ingwer verrühren und kräftig mit Salz und Pfeffer würzen. Die Cocktailtomaten waschen und halbieren. Die Kresse vom Beet schneiden, waschen und trocken tupfen.

4 Das Lachsfilet aus dem Gefrierbeutel nehmen und in hauchdünne Scheiben schneiden. Die Rösti mit den Lachsscheiben auf Tellern anrichten und mit der Kresse bestreuen. Mit der Chili-Ingwer-Creme beträufeln und mit den Cocktailtomaten garnieren.

Mein Tipp

Wenn es mal schnell gehen muss, können Sie auch einfach geräucherten Lachs kaufen und mit 2 EL weißem Rum, 1 TL Rohrzucker und etwas abgeriebener unbehandelter Limettenschale würzen und mit den Kartoffelrösti servieren.

Saibling
mit Apfel-Dill-Kruste

Zutaten für 4 Personen:
1 Zitrone
1 Bund Dill
1 Apfel
1 Ei
2 EL Meerrettich (aus dem Glas)
3 EL Paniermehl
Salz · Pfeffer aus der Mühle
200 g Wildreis
4 Saiblingsfilets
(à 180 g; mit Haut)
3 EL Butter
125 ml Gemüsebrühe
200 g Feldsalat
1 kleiner Granatapfel
300 g Naturjoghurt
Zucker

1 Die Zitrone halbieren und auspressen. Den Dill waschen und trocken schütteln, die Spitzen abzupfen und fein hacken. Den Apfel waschen, vierteln und das Kerngehäuse entfernen. Die Apfelviertel auf der Gemüsereibe raspeln. Die Apfelraspel mit dem Ei, dem Meerrettich, dem Paniermehl und dem Dill mischen und die Masse mit Salz, Pfeffer und 2 EL Zitronensaft würzen. Den Wildreis nach Packungsanweisung in kochendem Salzwasser bissfest garen.

2 Den Backofen auf 200 °C vorheizen. Die Saiblingsfilets waschen, trocken tupfen und in je 4 Scheiben schneiden. Die Butter in einer Pfanne erhitzen und den Fisch darin auf der Hautseite etwa 1 Minute scharf anbraten. Die Fischscheiben mit der Hautseite nach oben auf ein Backblech geben und die Apfelmasse darauf verteilen. Die Brühe dazugießen und den Saibling im Ofen auf der mittleren Schiene etwa 10 Minuten garen.

3 Den Feldsalat verlesen, waschen und trocken schleudern. Den Granatapfel halbieren, die Kerne mit einer Gabel herauslösen und mit dem Feldsalat mischen. Den Joghurt mit 3 EL Zitronensaft verrühren und mit Salz, Pfeffer und 1 Prise Zucker würzen.

4 Den Saibling und den Salat auf Tellern anrichten und mit der Joghurtsauce beträufeln. Den Wildreis dazu servieren.

Gebratenes Schollenfilet

mit Gurken-Dill-Gemüse und Senfsauce

Zutaten für 4 Personen:

1 kg Salatgurken
1 Zwiebel
150 g durchwachsener Speck (am Stück)
2 EL Butterschmalz
2 Bund Dill
Salz · Pfeffer aus der Mühle
Zucker
1 Zitrone
4 Schollenfilets (à 150 g; küchenfertig)
4 EL Butter
4 Schalotten
1/2 Bund Estragon
125 ml Fischfond
100 ml trockener Weißwein
2 EL Crème fraîche
3 EL Dijon-Senf

1 Für das Gurken-Dill-Gemüse die Gurken schälen, längs halbieren und die Kerne mit einem Löffel entfernen. Die Gurken in kleine Stücke schneiden. Die Zwiebel schälen und in feine Würfel schneiden. Den Speck in kleine Würfel schneiden. Das Butterschmalz in einer Pfanne erhitzen und die Speckwürfel darin auslassen. Die Zwiebelwürfel zum Speck geben und kurz mitbraten. Die Gurkenstücke hinzufügen und alles zugedeckt bei mittlerer Hitze 7 Minuten garen.

2 Den Backofen auf 110 °C vorheizen. Den Dill waschen und trocken schütteln, die Spitzen abzupfen und fein hacken. Zum Schluss zu den Gurken in die Pfanne geben und alles mit Salz, Pfeffer und etwas Zucker abschmecken. Das Gurken-Dill-Gemüse warm stellen.

3 Die Zitrone halbieren und auspressen. Die Schollenfilets waschen und trocken tupfen, mit dem Zitronensaft beträufeln und mit Salz und Pfeffer würzen. In einer ofenfesten Pfanne 1 EL Butter erhitzen und die Schollenfilets darin auf beiden Seiten scharf anbraten. 2 EL Butter in Flocken auf den Filets verteilen und den Fisch im Ofen auf der mittleren Schiene etwa 15 Minuten garen.

4 Für die Senfsauce die Schalotten schälen und in feine Würfel schneiden. Den Estragon waschen und trocken schütteln, die Blätter abzupfen und fein hacken. Die restliche Butter in einer Pfanne erhitzen und die Schalottenwürfel darin andünsten. Den Fond und den Wein dazugießen und etwas einkochen lassen. Die Crème fraîche und den Senf unterrühren und die Sauce mit Salz, Pfeffer, Zucker und gehacktem Estragon würzen.

5 Die Schollenfilets mit dem Gurken-Dill-Gemüse auf Tellern anrichten und die Senfsauce dazu servieren. Als Beilage passen hervorragend Salzkartoffeln oder Wildreis.

Fischstäbchen

im Kokosmantel

Zutaten für 4 Personen:
1 Bund Rosmarin
1 Bund Dill
250 g Crème double
5 Eigelb
1 TL Currypulver
einige Blätter Romanasalat
4 Schwertfischsteaks
(à 125 g; küchenfertig)
Salz · Pfeffer aus der Mühle
Worcestersauce
200 g Mehl
5 Eier
200 g Paniermehl
200 g Kokosflocken
150 ml Olivenöl

1 Die Kräuter waschen und trocken schütteln, die Nadeln bzw. Spitzen abzupfen und fein hacken. Die Crème double mit den Eigelben, den gehackten Kräutern sowie dem Currypulver gut verrühren. Die Salatblätter waschen und trocken tupfen.

2 Die Schwertfischsteaks waschen, trocken tupfen und in fischstäbchengroße Stücke schneiden. Jeweils in die Mitte eine Tasche schneiden und die Fischstücke mit der Kräutercreme füllen. Rundum mit Salz und Pfeffer würzen und mit Worcestersauce beträufeln.

3 Das Mehl in einen tiefen Teller geben. Die Eier in einem weiteren tiefen Teller verquirlen. Das Paniermehl mit den Kokosflocken in einem tiefen Teller mischen. Die Fischstücke zuerst im Mehl wenden, dann durch die Eier ziehen und zuletzt mit der Paniermehl-Kokos-Mischung panieren. Das Olivenöl in einer tiefen Pfanne erhitzen und die Fischstäbchen darin bei schwacher Hitze etwa 5 Minuten auf beiden Seiten goldbraun ausbacken.

4 Die Fischstäbchen mit dem Schaumlöffel aus der Pfanne nehmen und auf Küchenpapier abtropfen lassen. Die Salatblätter kurz durch das heiße Olivenöl ziehen, sodass sie schön knusprig werden. Die Fischstäbchen auf den frittierten Salatblättern anrichten. Als Beilage dazu passt Kartoffelpüree.

Mein Tipp

Nicht nur Kinder werden von diesen selbst gemachten Fischstäbchen begeistert sein! Wer mag, kann die Fischfilets natürlich abgespeckt – ohne die Kräuterfüllung – panieren und ausbacken. Statt Schwertfisch kann man auch jedes andere festfleischige Fischfilet verwenden.

Zanderfilet

in Kartoffelkruste mit Spitzkohlgemüse

Zutaten für 4 Personen:

1 kg Spitzkohl
Salz
3 EL Butter
3 EL Mehl
500 ml Milch
Pfeffer aus der Mühle
frisch geriebene Muskatnuss
4 Zanderfilets
(à 150 g; küchenfertig)
700 g festkochende Kartoffeln
2 Eier
2 EL Butterschmalz
8 Scheiben Frühstücksspeck

1 Den Spitzkohl halbieren und die äußeren Blätter entfernen, den Strunk herausschneiden und die Blätter in Streifen schneiden. Die Spitzkohlstreifen in einem Topf in kochendem Salzwasser kurz blanchieren. In ein Sieb abgießen, kalt abschrecken und abtropfen lassen.

2 Für die Sauce die Butter in einem Topf zerlassen und das Mehl unterrühren. So viel Milch unter Rühren hinzufügen und köcheln lassen, bis eine cremige Sauce entstanden ist. Vom Herd nehmen und gut mit Salz, Pfeffer und Muskatnuss würzen. Den Spitzkohl in die Sauce geben, unterheben und warm stellen.

3 Die Zanderfilets waschen und trocken tupfen und auf beiden Seiten mit Salz und Pfeffer würzen. Die Kartoffeln schälen, waschen und in feine Streifen oder Scheiben hobeln. Die Kartoffeln in einer Schüssel mit den Eiern mischen und mit Salz, Pfeffer und Muskatnuss herzhaft würzen.

4 Das Butterschmalz in einer Pfanne erhitzen, die Hälfte der Kartoffelmasse in 4 Portionen teilen und in der Pfanne in der Größe der Zanderstücke auslegen. Die Zanderstücke darauflegen und mit der restlichen Kartoffelmasse bedecken. Den Fisch in der Kartoffelkruste bei mittlerer Hitze auf beiden Seiten knusprig und goldbraun braten, dabei mehrmals wenden. Den Frühstücksspeck in einer weiteren Pfanne ohne Fett auf beiden Seiten kross braten.

5 Den Zander in der Kartoffelkruste auf dem Spitzkohl anrichten und mit den gebratenen Speckscheiben servieren.

Zander im Speckmantel

auf Rote-Bete-Risotto und Meerrettichschaum

Zutaten für 4 Personen:

2 Rote Beten (oder 200 ml Rote-Bete-Direktsaft)
700 ml Geflügelfond
4 Schalotten
5 Knoblauchzehen
5 EL Olivenöl
250 g Risottoreis (z. B. Vialone)
150 ml trockener Weißwein
Salz · Pfeffer aus der Mühle
130 g kalte Butter
50 g Parmesan (am Stück)
400 ml Fischfond
150 g Sahne
50 g Meerrettichwurzel
Saft von 1/2 Zitrone
4 Zanderfilets (à ca. 140 g; küchenfertig)
8 Scheiben Frühstücksspeck
je 2 Rosmarin- und Thymianzweige
2 EL Butterschmalz

1 Die Rote Beten putzen, schälen und vierteln (dabei am besten Einweghandschuhe tragen). Die Rote-Bete-Viertel in den Entsafter geben und den Saft auffangen.

2 Den Fond erhitzen. Je 2 Schalotten und Knoblauchzehen schälen und in feine Würfel schneiden. Das Olivenöl in einem großen Topf erhitzen und die Schalotten und den Knoblauch darin andünsten. Den Reis hinzufügen und unter Rühren glasig dünsten. Mit dem Wein ablöschen und bei schwacher Hitze unter Rühren einköcheln lassen.

3 Ein Viertel des heißen Fonds zum Reis gießen und unter häufigem Rühren bei schwacher Hitze köcheln lassen, bis der Reis die Flüssigkeit aufgenommen hat. Diesen Vorgang dreimal wiederholen, bis der Fond aufgebraucht ist, dabei immer wieder rühren.

4 Den Risotto mit Salz und Pfeffer abschmecken. Den Topf vom Herd nehmen und 50 g kalte Butter in Würfeln untermischen. Den Parmesan fein reiben und mit dem Rote-Bete-Saft unter den Risotto rühren.

5 Für den Meerrettichschaum die restlichen Schalotten schälen und in feine Würfel schneiden. In einem Topf 30 g Butter erhitzen und die Schalottenwürfel darin andünsten. Mit dem Fond und der Sahne ablöschen und bei mittlerer Hitze auf die Hälfte einkochen lassen.

6 Den Meerrettich schälen und fein reiben. Die restliche kalte Butter in Würfel schneiden, unter die Sauce rühren und mit dem Stabmixer schaumig aufschlagen. Die Sauce mit Salz, Pfeffer und Zitronensaft würzen und zum Schluss den Meerrettich hinzufügen.

7 Die Zanderfilets waschen, trocken tupfen und mit je 2 Scheiben Speck umwickeln. Die Kräuterzweige waschen und trocken schütteln. Den restlichen Knoblauch ungeschält halbieren. Das Butterschmalz in einer Pfanne erhitzen und die Zanderfilets darin mit den Kräuterzweigen und den Knoblauchhälften auf beiden Seiten 2 bis 3 Minuten anbraten. Die Hitze reduzieren und die Filets weitere 5 bis 8 Minuten gar ziehen lassen. Die Filets mit Pfeffer und etwas Salz würzen.

8 Den Rote-Bete-Risotto mit dem Zander auf Tellern anrichten. Die Meerrettichsauce nochmals kurz aufschäumen und darauf verteilen.

Seeteufelpäckchen
auf Thymiansauce

Zutaten für 4 Personen:

8 große Wirsingblätter · Salz
4 Scheiben Seeteufelfilet (ca. 4 cm dick; insges. 800 g, küchenfertig)
Pfeffer aus der Mühle
1 unbehandelte Zitrone
2 EL Butter
2 TL scharfer Senf
1 TL süßer Senf
1 Bund Thymian
300 ml Gemüsebrühe
100 g Sahne
frisch geriebene Muskatnuss

1 Die Wirsingblätter in einem Topf in kochendem Salzwasser etwa 1 Minute blanchieren. Mit dem Schaumlöffel herausnehmen und in eiskaltem Wasser abschrecken. Die Blätter auf die Arbeitsfläche legen, trocken tupfen und den Strunk keilförmig herausschneiden.

2 Die Seeteufelscheiben waschen, trocken tupfen und halbieren, mit Salz und Pfeffer würzen. Die Zitrone heiß waschen, trocken reiben und die Schale fein abreiben. Die Butter in einer tiefen Pfanne erhitzen und die Zitronenschale mit dem scharfen und dem süßen Senf unterrühren, mit Pfeffer würzen. Die Seeteufelscheiben hinzufügen und in der Senfbutter bei mittlerer Hitze auf beiden Seiten anbraten.

3 Den Thymian waschen und trocken schütteln. Die Fischstücke aus der Pfanne nehmen, auf die Wirsingblätter legen und je 1 Thymianzweig daraufgeben. Den restlichen Thymian beiseitelegen. Den Wirsing über dem Fisch zusammenfalten und zu Päckchen verschließen, nach Belieben mit kleinen Holzspießen feststecken.

4 Die Seeteufelpäckchen wieder in die Pfanne geben, die Brühe dazugießen und die Päckchen zugedeckt etwa 10 Minuten garen. Dann den Fisch herausnehmen und warm halten. Die Brühe aufkochen und die Sahne unterrühren. Die Sauce mit Salz, Pfeffer und Muskatnuss würzen und etwas einköcheln lassen. Vom restlichen Thymian die Blättchen abzupfen und die Sauce damit abschmecken.

5 Die Seeteufelpäckchen auf der Sauce anrichten und mit Thymian garnieren. Als Beilage dazu passt Reis oder Wildreis.

Mein Tipp

Etwas deftiger wird das Gericht, wenn man die Seeteufelstücke vor dem Braten noch mit je 1 Scheibe Schinken umwickelt.

Gebratene Rotbarbe

auf Artischocken-Peperonata mit Kapernsauce

Zutaten für 4 Personen:

Für die Peperonata:

je 2 rote und gelbe Paprikaschoten
6 EL Olivenöl · 2 Zitronen
2 Artischocken
1 Rosmarinzweig
3 Schalotten
2 Knoblauchzehen · Salz
Chili aus der Gewürzmühle
2 EL gehackte Petersilie

Für den Fisch:

4 Rotbarbenfilets (à ca. 150 g; mit Haut)
Salz · Pfeffer aus der Mühle
3 EL Olivenöl
je 2 Rosmarin- und Thymianzweige
2 Schalotten
2 Knoblauchzehen

Für die Sauce:

3 Schalotten · 1 Knoblauchzehe
3 EL Butter · 2 cl Wermut
250 ml trockener Weißwein
200 g Sahne · 200 ml Fischfond
Saft von 1 Limette
1 Thymianzweig
1 Lorbeerblatt
Salz · Pfeffer aus der Mühle
1 EL Speisestärke
1 EL eingelegte Kapern

1 Für die Peperonata den Backofen auf 180 °C (Umluft) vorheizen. Die Paprikaschoten vierteln, entkernen und mit der Hautseite nach oben auf ein Backblech legen. Mit 4 EL Olivenöl beträufeln. Die Paprikaviertel im Ofen auf der mittleren Schiene 30 Minuten garen, bis die Haut schwarze Blasen wirft. Aus dem Ofen nehmen und etwas abkühlen lassen, die Haut abziehen und die Paprikaschoten in Würfel schneiden.

2 Die Zitronen halbieren und auspressen. Die Artischocken putzen, dafür den Boden etwa 1 cm dick abschneiden, die äußeren harten Blätter abbrechen und die holzigen Teile abschneiden. Das Heu mit einem Löffel entfernen. Die Artischocken mit dem Zitronensaft beträufeln und in dünne Spalten schneiden.

3 Den Rosmarin waschen und trocken schütteln, die Nadeln abzupfen und fein hacken. Die Schalotten und den Knoblauch schälen und in feine Würfel schneiden. In einer Pfanne das restliche Olivenöl erhitzen und die Artischocken darin anbraten. Schalotten und Knoblauch dazugeben und kurz mitbraten. Den Rosmarin hinzufügen und alles mit Salz und Chili aus der Mühle würzen. Paprikawürfel und Petersilie unterrühren.

4 Für den Fisch die Rotbarbenfilets waschen, trocken tupfen und mit Salz und Pfeffer würzen. Das Olivenöl in einer beschichteten Pfanne erhitzen und die Fischfilets darin auf beiden Seiten kross anbraten. Die Kräuterzweige waschen, trocken schütteln und zum Fisch in die Pfanne geben. Die Schalotten schälen und halbieren, mit dem ungeschälten Knoblauch ebenfalls in die Pfanne geben und die Fischfilets 3 bis 5 Minuten fertig braten. Die Filets herausnehmen und warm stellen.

5 Für die Sauce die Schalotten und den Knoblauch schälen und in feine Würfel schneiden. Die Butter in einem Topf erhitzen und die Schalotten und den Knoblauch darin andünsten. Mit dem Wermut und dem Wein ablöschen, die Sahne und den Fond dazugießen und auf die Hälfte einköcheln lassen. Den Limettensaft, den Thymianzweig und das Lorbeerblatt dazugeben und die Sauce mit Salz und Pfeffer würzen. Die Speisestärke mit etwas kaltem Wasser glatt rühren und die Sauce damit binden. Dann durch ein feines Sieb streichen und mit dem Stabmixer aufschäumen. Die abgetropften Kapern grob hacken und unterrühren.

6 Die Artischocken-Peperonata auf Tellern anrichten, je 1 Rotbarbenfilet daraufgeben und mit der Kapernsauce servieren.

Red Snapper
auf Fenchelgemüse

Zutaten für 4 Personen:

4 Fenchelknollen
4 EL Olivenöl
1 EL Zucker
2 EL Kräuteressig
1 EL Fenchelsamen
Salz · Pfeffer aus der Mühle
800 g Red-Snapper-Filet (küchenfertig)
Mehl zum Wenden
Öl zum Braten

1 Den Fenchel putzen, waschen und in dünne Scheiben schneiden. Das Olivenöl in einer Pfanne erhitzen und die Fenchelscheiben darin bei schwacher Hitze etwa 3 Minuten dünsten. Dann den Zucker, den Essig und die Fenchelsamen hinzufügen und den Fenchel mit Salz und Pfeffer würzen. Das Gemüse zugedeckt 20 bis 30 Minuten fertig garen, nach Belieben 2 cl Anisschnaps dazugeben.

2 Das Red-Snapper-Filet waschen und trocken tupfen, in große Rauten schneiden und mit Salz würzen. Das Mehl in einen tiefen Teller geben. Die Fischstücke im Mehl wenden und überschüssiges Mehl abklopfen.

3 Etwas Öl in einer Pfanne erhitzen und die Filetstücke darin auf einer Seite scharf anbraten, bis sie am Rand braun werden. Die Hitze reduzieren, die Filets wenden und auf der anderen Seite ebenfalls goldbraun braten. Die Fischfilets mit dem Fenchelgemüse auf Tellern anrichten und servieren.

Gebratener Heilbutt

in Kerbelöl auf Orangen-Pastasotto

Zutaten für 4 Personen:

2 unbehandelte Orangen
4 Schalotten
2 Knoblauchzehen
1 rote Chilischote
130 ml Olivenöl
90 g Butter
250 g Risoni-Nudeln
(kleine reisförmige Nudeln)
100 ml trockener Weißwein
100 ml Fischfond
50 g Parmesan (am Stück)
Salz · Pfeffer aus der Mühle
Chili aus der Gewürzmühle
4 Heilbuttfilets
(à 120 g; küchenfertig)
1 EL Butterschmalz
400 g frische Erbsen
(in der Schote)
1 EL Puderzucker
Saft von 1/2 Limette
1 Bund Kerbel
Saft von 1/2 Zitrone

1 Die Orangen heiß waschen, trocken reiben und die Schale fein abreiben. Den Saft auspressen. 2 Schalotten und den Knoblauch schälen und in feine Würfel schneiden. Die Chilischote längs halbieren, entkernen und waschen.

2 In einem Topf 3 EL Olivenöl und 2 EL Butter erhitzen. Die Schalotten, den Knoblauch und die Chilihälften mit den Nudeln darin andünsten. Mit dem Wein ablöschen, die Orangenschale dazugeben und bei mittlerer Hitze kochen lassen, bis die Nudeln die Flüssigkeit aufgenommen haben. Nach und nach unter Rühren den Orangensaft und den Fond dazugeben und von den Risoni aufnehmen lassen. Die Nudeln sollten weich sein, aber noch Biss haben. Die Chilischote wieder entfernen.

3 Den Parmesan fein reiben. 5 EL Butter und den Parmesan unter die Nudeln ziehen und mit Salz, Pfeffer und Chili aus der Mühle würzen.

4 Die Heilbuttfilets waschen und trocken tupfen. Das Butterschmalz in einer beschichteten Pfanne erhitzen und die Heilbuttfilets darin auf beiden Seiten anbraten. Mit Salz und Pfeffer würzen und die Filets bei schwacher Hitze noch einige Minuten gar ziehen lassen.

5 Die restlichen Schalotten schälen und in feine Würfel schneiden. Die Erbsen aus den Schoten brechen. Die übrige Butter in einer Pfanne erhitzen und die Schalotten darin andünsten. Die Erbsen dazugeben, mit Puderzucker bestäuben und den Limettensaft hinzufügen. Die Erbsen unter gelegentlichem Rühren etwa 5 Minuten garen. Zuletzt mit Salz und Pfeffer würzen.

6 Den Kerbel waschen, trocken schütteln und die Blätter abzupfen. Die Kerbelblätter mit dem restlichen Olivenöl im Küchenmixer fein pürieren. Das Kerbelöl in einer Pfanne erwärmen und mit dem Zitronensaft sowie mit Salz und Pfeffer abschmecken.

7 Den Pastasotto und die Erbsen mischen und auf Teller verteilen. Die Heilbuttfilets darauf anrichten und mit dem Kerbelöl beträufeln.

Heilbutt im Bananenblatt

mit asiatischer Mayonnaise und Bratkartoffelsalat

Zutaten für 4 Personen:

700 g Heilbuttfilet (küchenfertig)
1 1/2 rote Chilischoten
30 g Ingwer
Saft von 1 Limette
6 EL Sojasauce
200 ml Kokosmilch
3 junge Möhren
3 Petersilienwurzeln
1 Stange Lauch
2–3 Bananenblätter
(aus dem Asienladen)
Salz · Pfeffer aus der Mühle
Chili aus der Gewürzmühle
8 unbehandelte Limettenscheiben
1 Bund Radieschen
400 g festkochende Kartoffeln
190 ml Öl
150 g Cocktailtomaten
2 Schalotten
3 EL Olivenöl
100 ml Geflügelfond
3 EL Weißweinessig
2 TL Senf
1 TL gehackter Rosmarin
2 EL gehackte Petersilie
3 Eigelb
1 Knoblauchzehe
1 Bund Koriander
1 EL Sushi-Ingwer
abgeriebene Schale und Saft
von 1/2 unbehandelten Limette
1 EL Oystersauce

1 Das Heilbuttfilet waschen, trocken tupfen, in 4 Stücke schneiden und in eine flache Schale legen. 1 Chilischote längs halbieren, entkernen, waschen und in feine Würfel schneiden. Den Ingwer in dünne Scheiben schneiden. Limettensaft, Chili, Ingwer, 4 EL Sojasauce und die Kokosmilch verrühren. Den Fisch damit beträufeln, 10 Minuten marinieren.

2 Das Gemüse putzen und schälen bzw. waschen, in dünne Scheiben schneiden bzw. hobeln und mischen. Die Bananenblätter in etwa 20 x 30 cm große Stücke schneiden und kurz in einer beschichteten Pfanne erwärmen, bis sie zu glänzen beginnen.

3 Den Backofen auf 140 °C vorheizen. Den Heilbutt aus der Marinade nehmen und je 1 Stück mit einem Viertel der Gemüsemischung auf ein Bananenblatt legen. Mit etwas Marinade beträufeln, mit Salz, Pfeffer und Chili aus der Mühle würzen und mit je 2 Limettenscheiben belegen. Die Blätter zu Päckchen verschließen und, falls nötig, mit Küchengarn befestigen. Die Bananenblattpäckchen auf ein Backblech legen und im Ofen auf der mittleren Schiene 15 bis 20 Minuten garen.

4 Für den Bratkartoffelsalat die Radieschen putzen, waschen und vierteln. Kartoffeln schälen, waschen, in 1/2 cm dicke Scheiben schneiden und mit Küchenpapier trocken tupfen. In einer Pfanne in 4 EL heißem Öl auf beiden Seiten goldbraun braten. Auf Küchenpapier abtropfen lassen und mit den Radieschen in einer Schüssel mischen. Die Cocktailtomaten waschen, vierteln und dazugeben. Die Schalotten schälen, in feine Würfel schneiden und im Olivenöl andünsten. Fond, Essig und 1 TL Senf dazugeben und vom Herd nehmen. Die Marinade mit Salz, Pfeffer und Rosmarin würzen. Den Salat vorsichtig mit der Marinade mischen, die Petersilie dazugeben und zugedeckt warm stellen.

5 Für die Mayonnaise restlichen Senf und Eigelbe unterrühren und langsam das übrige Öl dazugießen, bis eine Mayonnaise entsteht, salzen und pfeffern. Restliche Chilihälfte entkernen und waschen. Den Knoblauch schälen. Beides in feine Würfel schneiden. Den Koriander waschen und trocken schütteln, die Blätter abzupfen und fein hacken. Den Sushi-Ingwer fein hacken. Chili, Knoblauch, Koriander, Limettenschale und -saft, Sushi-Ingwer, restliche Soja- und Oystersauce unter die Mayonnaise rühren. Den Bratkartoffelsalat mit je 1 Heilbutt im Bananenblatt und der asiatischen Mayonnaise anrichten.

Seezungenröllchen

auf Rote-Bete-Glasnudel-Salat

Zutaten für 4 Personen:

2 Möhren
2 Stangen Staudensellerie
1 Stange Lauch · Salz
8 Seezungenfilets
(à 80–100 g; ohne Haut)
20 g Ingwer
4 Schalotten
1 rote Chilischote
Olivenöl zum Braten
300 ml Fischfond
200 ml trockener Weißwein
200 g Sahne
Pfeffer aus der Mühle
80 g kalte Butter
3 Rote Beten
4 Frühlingszwiebeln
20 g Zucker
100 ml Rote-Bete-Saft
100 g Glasnudeln
einige Korianderblätter

1 Die Möhren putzen und schälen. Den Sellerie und den Lauch putzen und waschen. Alle Gemüsesorten in feine Streifen schneiden. Die Gemüsestreifen nacheinander in einem Topf in kochendem Salzwasser blanchieren. Mit dem Schaumlöffel herausnehmen, kalt abschrecken und gut abtropfen lassen.

2 Die Seezungenfilets waschen, trocken tupfen und mit der dunklen Seite (ehemalige Hautseite) nach oben auf die Arbeitsfläche legen. Die Gemüsestreifen darauf verteilen, die Filets aufrollen und mit kleinen Holzspießen feststecken.

3 Den Ingwer und 2 Schalotten schälen. Die Chilischote längs halbieren, entkernen und waschen. Den Ingwer, die Schalotten und die Chili grob hacken und in Olivenöl in einem Dampfgarer oder einem Topf mit passendem Dämpfeinsatz andünsten. Mit dem Fond und dem Wein ablöschen und einmal aufkochen lassen.

4 Die Fischröllchen auf das Garblech oder den Dämpfeinsatz setzen und zugedeckt bei schwacher Hitze (bei 70 bis 80 °C) 10 bis 15 Minuten dämpfen. Die Röllchen herausnehmen und warm stellen. Den Sud durch ein Sieb in einen Topf gießen, die Sahne dazugeben und aufkochen lassen. Mit Salz und Pfeffer würzen und kurz vor dem Servieren mit dem Stabmixer 50 g kalte Butter in Würfeln unterrühren.

5 Die Roten Beten putzen, schälen (dabei am besten Einweghandschuhe tragen) und in feine Streifen schneiden. Die Frühlingszwiebeln putzen und waschen. Die restlichen Schalotten schälen und beides ebenfalls in feine Streifen schneiden. Die übrige Butter in einem Topf erhitzen, die Schalotten und die Roten Beten darin andünsten. Mit dem Zucker bestreuen und leicht anrösten. Den Rote-Bete-Saft dazugießen und bei mittlerer Hitze dicklich einkochen lassen.

6 Die Glasnudeln in einer Schüssel mit kochendem Wasser übergießen, etwa 5 Minuten ziehen lassen und abgießen. Die Glasnudeln unter die Rote-Bete-Streifen mischen, die Frühlingszwiebeln hinzufügen und alles mit Salz und Pfeffer würzen.

7 Den Rote-Bete-Glasnudel-Salat mit dem Sud auf Tellern anrichten und je 2 Seezungenröllchen daraufgeben. Mit der aufgeschäumten Sauce beträufeln und mit den Korianderblättern garnieren.

Thunfischsteak

mit Erdnuss-Koriander-Kruste

Zutaten für 4 Personen:

50 g Erdnüsse (ungesalzen)
100 g Toastbrot
1/2 Bund Koriander
50 g weiche Butter
Salz · Pfeffer aus der Mühle
Korianderkörner aus der Gewürzmühle
1/2 Kopf Weißkohl (ca. 500 g)
1 Vanilleschote
80 ml Olivenöl
2 EL Vanillezucker
150 ml Geflügelfond
200 g Farfalle
4 Thunfischsteaks (à 160 g; küchenfertig)
1/2 Bund Schnittlauch

1 Die Erdnüsse in einer Pfanne ohne Fett anrösten. Abkühlen lassen und fein hacken. Das Toastbrot entrinden und im Küchenmixer fein mahlen. Den Koriander waschen und trocken schütteln, die Blätter abzupfen und fein hacken.

2 Die Butter in einer Schüssel schaumig schlagen und die Erdnüsse, das Toastbrot und den Koriander unterrühren. Die Gratiniermasse mit Salz, Pfeffer und Koriander aus der Mühle würzen. Die Masse in einen Gefrierbeutel geben, mit dem Nudelholz dünn ausrollen und kühl stellen.

3 Den Weißkohl putzen, waschen und die äußeren Blätter entfernen, den Kohl in Rechtecke schneiden. Die Vanilleschote der Länge nach aufschneiden und das Mark herauskratzen. In einem Topf 5 EL Olivenöl erhitzen und den Weißkohl darin andünsten. Den Vanillezucker sowie das Vanillemark dazugeben und unter Rühren leicht karamellisieren. Den Fond dazugießen und das Gemüse bei mittlerer Hitze bissfest garen. Mit Salz und Pfeffer würzen.

4 Inzwischen die Farfalle nach Packungsanweisung in reichlich kochendem Salzwasser bissfest garen. In ein Sieb abgießen, abtropfen lassen und unter den Weißkohl mischen.

5 Ein Backblech mit Alufolie auslegen. Die Thunfischsteaks waschen und trocken tupfen. Das restliche Olivenöl in einer Pfanne erhitzen und die Steaks darin auf beiden Seiten je 1 Minute anbraten. Mit Salz und Pfeffer würzen und auf das Blech legen.

6 Kurz vor dem Servieren den Backofengrill auf 220 °C vorheizen. Den Gefrierbeutel aufschneiden und die Folie abziehen, die Gratiniermasse herausnehmen und in der Größe der Steaks zurechtschneiden. Die Steaks damit belegen und unter dem Backofengrill goldbraun überbacken.

7 Den Schnittlauch waschen, trocken schütteln und in feine Röllchen schneiden. Die Schnittlauchröllchen unter die Krautnudeln mischen und auf Tellern anrichten. Je 1 gratiniertes Thunfischsteak darauflegen und nach Belieben mit Korianderblättern garnieren.

Spargelcurry

mit Garnelen

Zutaten für 4 Personen:

12 Stangen weißer Spargel
1 Baby-Ananas
4 Frühlingszwiebeln
3 Schalotten
1/2 Knoblauchknolle
20 g Ingwer
250 g Cocktailtomaten
2 EL Erdnussöl
1 TL gelbe Currypaste
250 ml Kokosmilch
80 ml trockener Weißwein
Salz · Pfeffer aus der Mühle
Chili aus der Gewürzmühle
1 Stängel Zitronengras
2 Zitronenthymianzweige
12 Riesengarnelen (küchenfertig)
4 EL Olivenöl

1 Den Spargel schälen und die holzigen Enden abschneiden, die Spargelstangen in Stücke schneiden. Die Baby-Ananas putzen, schälen und das Fruchtfleisch in mundgerechte Stücke schneiden. Die Frühlingszwiebeln putzen, waschen und in feine Ringe schneiden.

2 Die Schalotten und 2 Knoblauchzehen schälen und in Spalten schneiden. Den Ingwer schälen und fein reiben. Die Cocktailtomaten waschen und halbieren.

3 Das Erdnussöl im Wok oder einer großen Pfanne erhitzen und den Spargel darin etwa 2 Minuten scharf anbraten. Die Ananas, die Schalotten, den Knoblauch und den Ingwer dazugeben und weitere 2 Minuten mitbraten. Die Currypaste untermischen, die Kokosmilch und den Wein dazugießen und alles 7 Minuten köcheln lassen. Mit Salz, Pfeffer und Chili aus der Mühle würzen. Zuletzt die Frühlingszwiebeln und die Cocktailtomaten hinzufügen.

4 Das Zitronengras putzen und waschen. Den Zitronenthymian waschen und trocken schütteln. Die Riesengarnelen waschen und trocken tupfen. Das Olivenöl in einer Pfanne erhitzen und die Riesengarnelen darin mit dem restlichen ungeschälten Knoblauch sowie dem Zitronengras und dem Zitronenthymian 2 Minuten scharf anbraten. Dann die Hitze reduzieren, die Garnelen mit Salz und Pfeffer würzen und noch etwas ziehen lassen.

5 Das Spargelcurry auf Schälchen oder tiefe Teller verteilen, die Garnelen darauf anrichten und nach Belieben mit Basilikum garnieren.

Mein Tipp

Currypasten gibt es in verschiedenen Sorten im Asienladen. Wem diese Pasten zu scharf sind, verwendet einfach Currypulver.

Gratinierte Fischpfanne

mit Garnelen und Brokkoli

Zutaten für 4 Personen:

1 Zucchino
500 g Brokkoli · Salz
1 Zitrone
6 Rotbarschfilets
(à 150 g; küchenfertig)
Pfeffer aus der Mühle
250 ml trockener Weißwein
1 Zwiebel
3 EL Butter
2 EL Tomatenmark
2 EL Mehl
150 ml Fischfond
150 g Sahne
12 Garnelen (küchenfertig)
1–2 EL Olivenöl
Butter für die Form
1/2 Bund Kerbel

1 Den Zucchino putzen, waschen und längs in 12 dünne Scheiben hobeln. Den Brokkoli putzen, waschen und in die einzelnen Röschen teilen. Die Brokkoliröschen in einem Topf in kochendem Salzwasser zugedeckt etwa 5 Minuten garen. In ein Sieb abgießen und kalt abschrecken.

2 Die Zitrone auspressen. Die Rotbarschfilets waschen, trocken tupfen und längs halbieren. Die Filets mit der Hälfte des Zitronensafts beträufeln, mit Salz und Pfeffer würzen und mit je 1 Zucchinoscheibe belegen. Die Fischfilets aufrollen und mit kleinen Holzspießen feststecken.

3 Den Wein mit 375 ml leicht gesalzenem Wasser in einem Topf zum Kochen bringen und die Rotbarschröllchen darin zugedeckt bei schwacher Hitze etwa 8 Minuten garen. Mit dem Schaumlöffel herausnehmen.

4 Die Zwiebel schälen und in feine Würfel schneiden. Die Butter in einer Pfanne erhitzen und die Zwiebelwürfel darin andünsten. Das Tomatenmark und das Mehl unterrühren und kurz mitrösten. Den Fond und die Sahne dazugießen, kurz aufkochen und alles bei schwacher Hitze etwa 5 Minuten köcheln lassen. Mit Salz und Pfeffer würzen.

5 Die Garnelen waschen und trocken tupfen, mit dem restlichen Zitronensaft beträufeln und mit Salz und Pfeffer würzen. Das Olivenöl in einer Pfanne erhitzen, die Garnelen darin auf beiden Seiten scharf anbraten und wieder herausnehmen.

6 Den Backofen auf 200 °C vorheizen. Eine ofenfeste Form einfetten. Die Brokkoliröschen, die Garnelen und die Fischröllchen in der Form verteilen und mit der Sauce beträufeln. Im Ofen auf der mittleren Schiene etwa 10 Minuten gratinieren. Inzwischen den Kerbel waschen, trocken schütteln und die Blätter abzupfen. Die Fischpfanne aus dem Ofen nehmen und mit dem Kerbel garnieren.

Jakobsmuscheln

mit bunten Zucchini

Zutaten für 4 Personen:

20 Jakobsmuscheln
2 Tomaten
je 1 grüner und gelber Zucchino
1 EL Olivenöl
Salz · Pfeffer aus der Mühle
Mehl zum Bestäuben
110 g eiskalte Butter
1 Thymianzweig
3 Schalotten
250 ml Riesling (oder ein anderer trockener Weißwein)
250 g Sahne
4 Kerbelstiele

1 Die Muscheln waschen und zum Öffnen mit einem Küchentuch an der unteren Seite fest anpacken. Dann mit einem stabilen Messer am Schalenrand entlangfahren, den Schließmuskel durchtrennen und die Schalen öffnen. Das Muschelfleisch mit dem orangefarbenen Rogen auslösen. Das Muschelfleisch mit dem Rogen gut waschen und auf Küchenpapier abtropfen lassen.

2 Die Tomaten kreuzweise einritzen, überbrühen, kalt abschrecken, häuten, vierteln, entkernen und in Würfel schneiden. Den Backofen auf 70 °C vorheizen.

3 Die Zucchini putzen, waschen und längs halbieren. Die Zucchinihälften in Scheiben schneiden. Das Olivenöl in einer Pfanne erhitzen und die Zucchinischeiben darin auf beiden Seiten goldbraun braten. Aus der Pfanne nehmen, auf Küchenpapier abtropfen lassen und das Gemüse im Ofen warm halten.

4 Die Jakobsmuscheln mit Salz und Pfeffer würzen und auf beiden Seiten leicht mit Mehl bestäuben. In einer großen Pfanne 1 EL Butter aufschäumen lassen und die Muscheln darin bei schwacher Hitze auf beiden Seiten jeweils 3 Minuten braten. Den Thymian waschen, trocken schütteln und zu den Muscheln in die Pfanne geben. Die Muscheln herausnehmen und zugedeckt warm halten.

5 Die Schalotten schälen und in feine Würfel schneiden. Die Schalottenwürfel in der Pfanne im verbliebenen Bratfett andünsten. Mit dem Wein und der Sahne ablöschen und auf die Hälfte einkochen lassen. Die restliche kalte Butter in Würfel schneiden und nach und nach unterrühren. Zum Schluss die Tomatenwürfel hinzufügen und kurz in der Sauce erwärmen. Die Sauce mit Salz und Pfeffer abschmecken.

6 Den Kerbel waschen und trocken schütteln. Die Jakobsmuscheln und die Zucchinischeiben auf einer Platte anrichten und mit der Sauce beträufeln. Mit dem Kerbel garnieren.

Paella »Rucki-Zucki«

mit Paprika und Sellerie

Zutaten für 4 Personen:

200 g Staudensellerie
2 Knoblauchzehen
je 1 rote und gelbe Paprikaschote
1 Bund Frühlingszwiebeln
350 g gemischte Meeresfrüchte (küchenfertig)
280 g Hähnchenbrustfilet
100 g spanische Hartwurst (z. B. Salchichón)
3 EL Öl
2 Döschen Safranfäden (0,2 g)
300 g Schnellkochreis
250 ml trockener Weißwein
250 ml Geflügelfond
2 EL Zitronensaft
Salz · Pfeffer aus der Mühle
2 unbehandelte Zitronen

1 Den Sellerie putzen, waschen und in Scheiben schneiden. Den Knoblauch schälen und in feine Würfel schneiden. Die Paprikaschoten schälen, längs halbieren, entkernen und in Stücke schneiden. Die Frühlingszwiebeln putzen, waschen und in feine Ringe schneiden.

2 Die Meeresfrüchte in ein Sieb geben, heiß abbrausen, abtropfen lassen und beiseitestellen. Das Hähnchenbrustfilet waschen, trocken tupfen und in Streifen schneiden. Die Hartwurst in Scheiben schneiden.

3 Das Öl in einer großen Pfanne erhitzen, die Hähnchenstreifen darin rundum goldbraun anbraten und wieder herausnehmen. Den Knoblauch und die Frühlingszwiebeln in die Pfanne geben und im verbliebenen Bratfett andünsten. Die Selleriescheiben und die Paprikastücke hinzufügen und kurz mitdünsten.

4 Die Safranfäden unter die Gemüsemischung rühren. Den Reis dazugeben und unter ständigem Rühren glasig dünsten. Mit dem Wein ablöschen und den Fond und den Zitronensaft hinzufügen.

5 Das Hähnchenfleisch, die Wurstscheiben und die Meeresfrüchte unter die Gemüse-Reis-Pfanne mischen, die Paella mit Salz und Pfeffer würzen und weitere 8 Minuten garen.

6 Die Zitronen heiß waschen, trocken reiben und in Spalten schneiden. Die Paella »Rucki-Zucki« in tiefen Tellern anrichten und mit den Zitronenspalten garnieren.

Mein Tipp

Wer mag, kann statt dem Geflügelfond auch einmal Fischfond verwenden. Übrigens: Ob eine Paella gelingt oder nicht, liegt entscheidend am Reis – er sollte trocken, körnig und nicht verklebt sein!

Fleisch

Horst: Fotos vom Filet vom Rind
hängt sich Johann in den Spind …

Johann: Lammkarre, ein halbes Schwein
haut sich Horst schon morgens rein …

Horst: Schnitzel, Steak und auch die Nierchen
mag Horst, egal von welchem Tierchen …

Johann: Frikadelle, Kalbskotelett
isst der Horst garniert mit Mett!

Lichter's
Oldiethek
LAFER

Filetsteak

mit Rotweinschalotten und Kartoffeln

Zutaten für 4 Personen:

7 große festkochende Kartoffeln
4 EL Öl
Salz · Pfeffer aus der Mühle
2 Rosmarinzweige
4 Thymianzweige
500 g kleine Schalotten
200 ml Kalbsfond
200 ml trockener Rotwein
2 EL Honig
2 EL Aceto balsamico
4 Rinderfiletsteaks (à 300 g)
2 EL schwarze Pfefferkörner
4 EL Butter
8 Scheiben Frühstücksspeck

1 Die Kartoffeln schälen, waschen und in Scheiben schneiden. In einer Pfanne 2 EL Öl erhitzen und die Kartoffelscheiben darin auf beiden Seiten scharf anbraten. Mit Salz und Pfeffer würzen und bei schwacher Hitze fertig garen, dabei gelegentlich wenden.

2 Den Rosmarin und Thymian waschen und trocken schütteln. Die Schalotten schälen und mit 2 Zweigen Thymian und dem Rosmarin in einen Topf geben. Den Fond und den Wein dazugießen und alles einmal kurz aufkochen. Dann die Schalotten zugedeckt bei mittlerer Hitze 15 bis 20 Minuten garen. Die Rotweinschalotten mit Salz, Pfeffer, Honig und Essig abschmecken und gegebenenfalls noch etwas einköcheln lassen.

3 Den Backofen auf 120 °C vorheizen. Die Filetsteaks von Fett und Sehnen befreien, waschen und trocken tupfen. Die Pfefferkörner im Mörser grob zerstoßen. Die Steaks damit einreiben und den Pfeffer dabei in die Fasern drücken.

4 Das restliche Öl in einer beschichteten Pfanne erhitzen und die Filets darin auf beiden Seiten 1 bis 2 Minuten braten, dann mit Salz würzen. Die Steaks auf ein Backblech geben, mit je 1 EL Butter und 1/2 Thymianzweig belegen und im Ofen auf der mittleren Schiene 10 Minuten fertig garen.

5 Den Frühstücksspeck in Streifen schneiden und in einer Pfanne ohne Fett kross braten. Die Steaks aus dem Ofen nehmen und mit den Rotweinschalotten anrichten. Die gebratenen Kartoffeln mit den Speckstreifen garnieren und dazu servieren. Nach Belieben mit gehackter Petersilie bestreuen.

Rumpsteak

mit Kapern-Zitronen-Haube und Rosmarin-Polenta

Zutaten für 4 Personen:

1 EL Salzkapern
2 Knoblauchzehen
2 unbehandelte Zitronen
2 Schalotten
4 Rumpsteaks (à 160 g)
2 EL Butterschmalz
2 EL Honig
60 ml Sojasauce
60 ml Birnensaft
1 EL helle Sesamsamen
1 Rosmarinzweig
1 TL Zitronenthymianblättchen
250 ml Geflügelfond
80 g Polenta
Salz · Pfeffer aus der Mühle
2 EL geschlagene Sahne
1 EL kalte Butter
einige Kerbelblätter

1 Den Backofen auf 120 °C vorheizen. Ein Backblech mit Alufolie auslegen. Die Kapern je nach Geschmack abbrausen. Den Knoblauch schälen und mit den Kapern fein hacken. Die Zitronen heiß waschen, trocken reiben und die Schale fein abreiben. 1 Schalotte schälen und in feine Würfel schneiden.

2 Die Rumpsteaks von Fett und Sehnen befreien, waschen und trocken tupfen. Das Butterschmalz in einer Pfanne erhitzen und die Steaks darin auf beiden Seiten kurz anbraten. Die Steaks auf das Blech legen. Die Schalottenwürfel mit dem Honig und der Sojasauce zum Bratensatz in die Pfanne geben und darin andünsten. Mit dem Birnensaft ablöschen, die Sesamsamen, den Knoblauch, die Kapern und die Zitronenschale dazugeben und alles 3 bis 4 Minuten köcheln lassen. Die Mischung auf den Steaks verteilen und das Fleisch im Ofen auf der mittleren Schiene 10 bis 15 Minuten garen.

3 Inzwischen für die Rosmarin-Polenta die restliche Schalotte schälen und in feine Würfel schneiden. Den Rosmarin waschen und trocken schütteln, die Nadeln abzupfen und mit dem Zitronenthymian fein hacken. Den Fond in einem Topf aufkochen und die Polenta einrieseln lassen. Die Kräuter unterrühren und alles aufkochen lassen. Die Polenta zugedeckt bei schwacher Hitze quellen lassen, dabei gelegentlich umrühren. Zum Schluss die Polenta mit Salz und Pfeffer würzen und die Sahne und die kalte Butter in Würfeln unterrühren.

4 Die Steaks aus dem Ofen nehmen, mit Salz und Pfeffer würzen und etwa 5 Minuten ruhen lassen. Die Rosmarin-Polenta auf Teller verteilen, die Rumpsteaks in Scheiben schneiden und darauf anrichten. Mit dem Kerbel garnieren.

Rinderfilet
im Feigen-Senf-Mantel

Zutaten für 4 Personen:

1 unbehandelte Zitrone
150 g Weißbrot
180 g getrocknete Feigen
20 g Dijon-Senf
100 g weiche Butter
400 g festkochende Kartoffeln
Salz
60 g Butterschmalz
60 g durchwachsener Speck (in Scheiben)
3 Schalotten
Pfeffer aus der Mühle
1/2 Bund Petersilie
80 g kalte Butter
3 Knoblauchzehen
2 Rosmarinzweige
3 Thymianzweige
4 Rinderfilets (à 250 g)
2 EL Olivenöl

1 Die Zitrone heiß waschen, trocken reiben und die Schale fein abreiben. Den Saft auspressen. Das Weißbrot fein reiben. Die Feigen in grobe Stücke schneiden und mit der Zitronenschale und dem -saft sowie dem Senf in der Küchenmaschine fein mahlen. Die weiche Butter in einer Schüssel schaumig schlagen, die Feigen-Senf-Mischung sowie die Brotbrösel hinzufügen und glatt rühren. Die Masse in einen Gefrierbeutel geben, flach drücken und im Tiefkühlfach 2 Stunden anfrieren lassen.

2 Die Kartoffeln schälen, waschen und in einem Topf in Salzwasser etwa 25 Minuten weich garen. Abgießen, kurz abkühlen lassen und in dünne Scheiben schneiden.

3 Die Hälfte des Butterschmalzes in einer Pfanne erhitzen und die Kartoffelscheiben darin anbraten. Den Speck in feine Streifen schneiden, zu den Kartoffeln geben und mitbraten, dabei öfter schwenken. 2 Schalotten schälen und in feine Würfel schneiden. Kurz vor dem Servieren unter die Bratkartoffeln rühren und mitbraten. Mit Salz, Pfeffer und nach Belieben ganzem Kümmel würzen. Die Petersilie waschen und trocken schütteln, die Blätter abzupfen und fein hacken. Die Petersilie unter die Kartoffeln mischen. Nach und nach 30 g kalte Butter in Würfeln unterrühren und die Kartoffeln damit glasieren.

4 Den Backofen auf 150 °C vorheizen. Den Knoblauch und die übrige Schalotte schälen und halbieren. Den Rosmarin und den Thymian waschen und trocken schütteln. Die Rinderfilets von Fett und Sehnen befreien, waschen und trocken tupfen. Das restliche Butterschmalz in einer Pfanne erhitzen und die Filets darin auf beiden Seiten scharf anbraten, mit Salz und Pfeffer würzen. 20 g kalte Butter dazugeben und schmelzen. Die Filets aus der Pfanne nehmen und auf ein tiefes Backblech geben. Die restliche kalte Butter in Flocken auf dem Fleisch verteilen und den Knoblauch, die Schalotte und die Kräuterzweige hinzufügen. Alles mit Olivenöl beträufeln und das Fleisch im Ofen auf der mittleren Schiene 5 Minuten garen.

5 Die Filets kurz vor Erreichen des Garpunkts aus dem Ofen nehmen. Die Backofentemperatur auf 220 °C (Oberhitze) hochschalten. Die Gratiniermasse aus dem Gefrierbeutel nehmen, in 4 Stücke schneiden und die Filets damit belegen. Die Filets im Ofen einige Minuten goldbraun überbacken und mit den Bratkartoffeln auf Tellern anrichten.

Espressosteak

mit Zuckermöhren und Safran-Hollandaise

Zutaten für 4 Personen:

1 TL schwarze Pfefferkörner
4 Rindersteaks
(à 180 g; aus der Hochrippe)
3 EL Olivenöl
500 g Espressobohnen
3 Bund Baby-Möhren
50 g brauner Zucker
Chili aus der Gewürzmühle
230 g weiche Butter
200 ml trockener Weißwein
Salz · Pfeffer aus der Mühle
2 EL gehackte Petersilie
1 Schalotte
1/2 Döschen Safranfäden (0,05 g)
1 Lorbeerblatt
5 weiße Pfefferkörner
4 Eigelb
Saft von 1/2 Zitrone

1 Den schwarzen Pfeffer im Mörser grob zerstoßen. Die Rindersteaks waschen, trocken tupfen und mit dem Pfeffer und dem Olivenöl einreiben. Die Steaks auf dem heißen Grill auf beiden Seiten bei direkter Hitze 2 Minuten grillen oder auf dem Herd in einer Pfanne bei starker Hitze auf beiden Seiten 1 bis 2 Minuten anbraten. Die Hälfte der Espressobohnen in einer Alu-Grillschale (etwa 20 x 20 cm) verteilen. Die Steaks darauflegen, mit den restlichen Bohnen bedecken und einen Deckel auflegen. Das Fleisch auf dem Grill bei indirekter Hitze (siehe Tipp) 10 bis 15 Minuten oder im auf 120 °C vorgeheizten Backofen 5 bis 8 Minuten fertig garen. Das Fleisch in der Schale vom Grill oder aus dem Ofen nehmen und einige Minuten ruhen lassen.

2 Die Baby-Möhren putzen, waschen und in Stücke schneiden. Den Zucker in einer Pfanne karamellisieren und die Möhren darin andünsten. Mit Chili aus der Mühle würzen und 50 g Butter hinzufügen. Die Hälfte des Weins dazugießen und die Möhren weich dünsten. Mit Salz und Pfeffer würzen, die Petersilie untermischen.

3 Für die Hollandaise die Schalotte schälen und in grobe Würfel schneiden. Den restlichen Wein mit der Hälfte des Safrans, dem Lorbeerblatt, dem weißen Pfeffer und der Schalotte in einem Topf aufkochen und auf die Hälfte einköcheln lassen. Die Eigelbe und den restlichen Safran in eine Metallschüssel geben und die Weißweinreduktion durch ein Sieb dazugießen. Über dem heißen Wasserbad mit dem Schneebesen dickschaumig aufschlagen. Die Hitze reduzieren, nach und nach die restliche Butter dazugeben und kräftig unterschlagen. Die Hollandaise mit Salz, Pfeffer und Zitronensaft würzen.

4 Die Steaks aus den Espressobohnen nehmen, mit Salz und Pfeffer würzen und mit den Möhren auf Tellern anrichten. Die Hollandaise großzügig darüber verteilen. Nach Belieben mit Kräutern garnieren.

Mein Tipp

Beim indirekten Grillen wird das Grillgut nicht direkt über, sondern seitlich neben der glühenden Holzkohle auf dem Grillrost mit geschlossenem Deckel bei niedrigeren Temperaturen (etwa 140 °C) schonend gegart.

Rinderfiletstreifen

mit frittierten Austernpilzen

Zutaten für 4 Personen:

600 g Rinderfilet
2 EL Butterschmalz
Salz · Pfeffer aus der Mühle
Saft von 1 Zitrone
4 EL Olivenöl
150 g Blauschimmelkäse
600 g Austernpilze
1–2 Eier
1 1/2 l Öl zum Ausbacken
150 g Mehl
1 EL Aceto balsamico
1 Knoblauchzehe
60 g Rucola

1 Den Backofen auf 180 °C vorheizen. Das Rinderfilet von Fett und Sehnen befreien, waschen und trocken tupfen. Das Filet in 2 cm breite Streifen schneiden. Das Butterschmalz in einer Pfanne erhitzen und die Rinderfiletstreifen darin rundum kurz anbraten. In eine ofenfeste Form geben, mit Salz und Pfeffer würzen, mit dem Zitronensaft und 2 EL Olivenöl beträufeln.

2 Den Blauschimmelkäse in grobe Stücke schneiden und auf dem Fleisch verteilen. Im Ofen auf der mittleren Schiene so lange überbacken, bis der Käse geschmolzen ist.

3 Inzwischen die Pilze putzen und trocken abreiben. Die Eier in einem tiefen Teller verquirlen. Das Öl (nicht zu wenig!) in der Fritteuse oder einem hohen Topf erhitzen. Inzwischen das Mehl in einen Gefrierbeutel füllen, die Pilze portionsweise hineingeben und vorsichtig schütteln, bis sie rundum mit Mehl bestäubt sind. Dann die Austernpilze durch die Eier ziehen und im heißen Öl goldbraun ausbacken. Mit dem Schaumlöffel herausnehmen, auf Küchenpapier abtropfen lassen und mit etwas Salz bestreuen.

4 Für die Vinaigrette das restliche Olivenöl und den Essig verrühren und mit Salz und Pfeffer würzen. Den Knoblauch schälen, in feine Würfel schneiden und die Vinaigrette ganz nach Geschmack damit würzen. Den Rucola verlesen, waschen und trocken schleudern, grobe Stiele entfernen.

5 Die Rinderfiletstreifen mit den frittierten Austernpilzen auf einer großen Platte anrichten. Den Rucola daneben verteilen und mit der Vinaigrette beträufeln. Nach Belieben mit geröstetem Weißbrot servieren.

Mein Tipp

Statt die Pilze in heißem Öl auszubacken, kann man sie auch in einer Pfanne bei starker Hitze scharf anbraten, sodass sie schön knusprig werden!

Zürcher Geschnetzeltes

mit Kartoffelrösti

Zutaten für 4 Personen:

600 g Kalbsfilet
1–2 EL Mehl zum Wenden
4 EL Butterschmalz
3 Schalotten
2 Knoblauchzehen
200 g Champignons
3 EL Butter
50 ml trockener Weißwein
100 ml Kalbsfond
200 g Sahne
Salz · Pfeffer aus der Mühle
1 Bund Petersilie
500 g große festkochende Kartoffeln

1 Das Kalbsfilet von Fett und Sehnen befreien, waschen und trocken tupfen. Das Fleisch in dünne Streifen schneiden und in etwas Mehl wenden. In einer Pfanne 2 EL Butterschmalz erhitzen und das Fleisch darin portionsweise anbraten, bis es Farbe angenommen hat. Die Pfanne vom Herd nehmen.

2 Die Schalotten und den Knoblauch schälen und in feine Würfel schneiden. Die Champignons putzen, trocken abreiben und in dünne Scheiben schneiden. Die Butter in einer Pfanne erhitzen und die Schalotten und den Knoblauch darin andünsten. Die Champignonscheiben dazugeben und goldbraun braten.

3 Den Wein, den Fond und 150 g Sahne dazugießen und alles auf die Hälfte einkochen lassen. Das Fleisch hinzufügen, in der Sauce erwärmen und das Geschnetzelte mit Salz und Pfeffer würzen.

4 Die restliche Sahne steif schlagen und kühl stellen. Die Petersilie waschen und trocken schütteln, die Blätter abzupfen und fein hacken. Etwas Petersilie für die Deko beiseitelegen, den Rest unter das Geschnetzelte rühren.

5 Für die Kartoffelrösti die Kartoffeln schälen, waschen und mithilfe einer speziellen Kartoffel-Gemüse-Maschine zu langen Spaghetti drehen (oder auf der Gemüsereibe raspeln). Das restliche Butterschmalz in einer Pfanne erhitzen, die Kartoffelspaghetti hineingeben und mit einem Löffel etwas andrücken. Sobald die Kartoffeln auf der Unterseite goldbraun und kross gebraten sind, die Rösti mithilfe eines Tellers wenden und auf der anderen Seite ebenfalls goldbraun und knusprig braten. Die Rösti mit Salz und Pfeffer würzen.

6 Die Rösti in vier Stücke schneiden und mit dem Zürcher Geschnetzelten auf Tellern anrichten. Mit der geschlagenen Sahne und der Petersilie garnieren.

Salbei-Kalbsmedaillons

mit Polenta

Zutaten für 4 Personen:
250 ml Gemüsebrühe
500 ml Milch
250 g Sahne
100 g Polenta
Salz · Pfeffer aus der Mühle
frisch geriebene Muskatnuss
Cayennepfeffer
1 Bund Salbei
600 g Kalbsfilet
2 Zitronen
2 EL Butter
250 g Cocktailtomaten
4 Schalotten
40 g kalte Butter
100 g Parmesan (am Stück)

1 Die Brühe mit der Milch und der Sahne in einem Topf zum Kochen bringen. Die Polenta einrieseln lassen, unterrühren und mit Salz, Pfeffer, Muskatnuss und 1 Prise Cayennepfeffer würzen. Die Polenta unter häufigem Rühren bei schwacher Hitze quellen lassen.

2 Den Salbei waschen, trocken schütteln und die Blätter abzupfen. Das Kalbsfilet von Fett und Sehnen befreien, waschen und trocken tupfen. Das Fleisch in Medaillons schneiden und auf beiden Seiten mit Salz und Pfeffer würzen. Die Zitronen auspressen und die Kalbsmedaillons mit etwas Zitronensaft beträufeln. Die Medaillons mit je 1 Salbeiblatt belegen und mit kleinen Holzspießen feststecken.

3 Den Backofen auf 80 °C vorheizen. Die Butter in einer Pfanne erhitzen und die Kalbsmedaillons darin auf beiden Seiten scharf anbraten. Die Medaillons aus der Pfanne nehmen und im Ofen warm halten. Die Cocktailtomaten waschen und halbieren. Die Schalotten schälen und ebenfalls halbieren. Die Cocktailtomaten mit den Schalotten und einigen Blättern Salbei ins verbliebene Bratfett in die Pfanne geben, andünsten und mit dem restlichen Zitronensaft ablöschen.

4 Die Polenta vom Herd nehmen, die kalte Butter unterrühren und nochmals mit den Gewürzen abschmecken. Mit den Salbei-Kalbsmedaillons auf Tellern anrichten und mit dem Bratensaft beträufeln. Den Parmesan in groben Spänen darüberhobeln. Nach Belieben mit dem restlichen Salbei garnieren.

Kalbsschnitzel

mit Zitronenschaum und Chicorée

Zutaten für 4 Personen:

4 Chicorée · Salz
4 EL Himbeeressig
Pfeffer aus der Mühle
2 TL Puderzucker
4 EL Butter
1 TL Honig
60 g Gorgonzola
4 Kalbsschnitzel (à 150 g)
1/2 Bund Koriander
1 Zitrone
250 ml trockener Weißwein
250 ml Kalbsfond
1 EL Crème double
2 TL gehackter Kerbel

1 Den Chicorée halbieren, waschen und den Strunk entfernen. In einem Topf wenig Salzwasser mit dem Essig zum Kochen bringen und die Chicoréehälften darin 4 bis 5 Minuten blanchieren. Herausnehmen, auf einem Sieb abtropfen lassen und mit Salz und Pfeffer würzen.

2 Den Backofen auf 180 °C vorheizen. Den Puderzucker in einer ofenfesten Pfanne schmelzen und 2 EL Butter und den Honig unterrühren. Den Chicorée hinzufügen und unter Schwenken karamellisieren. Den Gorgonzola zerbröckeln und auf dem Chicorée verteilen. Den Chicorée im Ofen auf der mittleren Schiene 8 bis 10 Minuten überbacken.

3 Die Schnitzel waschen und trocken tupfen. Zwischen 2 Lagen Frischhaltefolie flach klopfen und mit Salz und Pfeffer würzen. Den Koriander waschen und trocken schütteln, die Blätter abzupfen und fein hacken.

4 Die restliche Butter in einer Pfanne aufschäumen, etwas gehackten Koriander dazugeben und die Schnitzel darin auf beiden Seiten kurz braten. Die Schnitzel herausnehmen und im Backofen bei 80 °C warm stellen.

5 Die Zitrone halbieren und auspressen. Das verbliebene Bratfett in der Schnitzelpfanne mit dem Wein, dem Fond und dem Zitronensaft ablöschen und einköcheln lassen. Die Crème double unterrühren und den Kerbel hinzufügen. Die Sauce nach Belieben nochmals mit Salz und Pfeffer würzen und mit dem Stabmixer aufschäumen.

6 Die Kalbsschnitzel mit dem Zitronenschaum und dem Chicorée auf Tellern oder einer großen Platte anrichten. Mit dem restlichen Koriander garnieren.

Parmesanschnitzel

auf Zitronen-Spitzkohl-Salat

Zutaten für 4 Personen:

1 Spitzkohl
110 ml Olivenöl
3 unbehandelte Zitronen
2 Tomaten
100 g schwarze Oliven (entsteint)
1 Bund Petersilie
40 ml Kalbsfond
Salz · Pfeffer aus der Mühle
8 Kalbsschnitzel (à 80 g; aus dem Kalbsrücken)
Öl für die Folie
100 g Toastbrot (ohne Rinde)
50 g Mehl
2 Eier
30 g geschlagene Sahne
80 g Parmesan (am Stück)
200 g Butterschmalz

1 Den Spitzkohl halbieren und die äußeren Blätter entfernen, den Strunk herausschneiden und die Blätter in Streifen schneiden. In einem Topf 3 EL Olivenöl erhitzen und den Spitzkohl darin zusammenfallen lassen. Die Spitzkohlstreifen in eine Schüssel geben und abkühlen lassen.

2 Die Zitronen heiß waschen, trocken reiben und die Schale fein abreiben. 2 Zitronen so großzügig schälen, dass auch die weiße Haut mit entfernt wird. Die Fruchtfilets aus den Trennhäuten schneiden. Die restliche Zitrone auspressen. Die Tomaten kreuzweise einritzen, überbrühen, kalt abschrecken, häuten, vierteln, entkernen und in Streifen schneiden. Die Oliven halbieren. Die Petersilie waschen und trocken schütteln, die Blätter abzupfen und – bis auf einige Blätter für die Deko – fein hacken.

3 Die Zitronenschale und den -saft mit dem restlichen Olivenöl und dem Fond verquirlen und mit Salz und Pfeffer würzen. Den Spitzkohl mit den Tomatenstreifen, den Oliven und der Petersilie mischen und mit dem Dressing marinieren.

4 Die Kalbsschnitzel waschen, trocken tupfen und zwischen 2 Lagen geölter Frischhaltefolie flach klopfen. Das Toastbrot fein reiben. Das Mehl in einen tiefen Teller geben. Die Eier in einem zweiten tiefen Teller verquirlen, die Sahne unterheben und mit Salz und Pfeffer würzen. Den Parmesan fein reiben und mit den Toastbröseln ebenfalls in einem tiefen Teller mischen.

5 Die Schnitzel zuerst im Mehl wenden, dann durch die Eier-Sahne-Mischung ziehen und zuletzt mit den Parmesanbröseln panieren. Das Butterschmalz in einer tiefen Pfanne erhitzen und die Schnitzel darin schwimmend auf beiden Seiten goldbraun ausbacken. Herausnehmen, auf Küchenpapier abtropfen lassen und mit Salz würzen.

6 Den Zitronen-Spitzkohl-Salat gegebenenfalls nochmals abschmecken. Den Salat auf Tellern anrichten und die Schnitzel daraufsetzen. Mit den Zitronenfilets und der Petersilie garnieren.

Filetroulade im Pancetta-Mantel

mit Kräuter-Gnocchi

Zutaten für 4 Personen:

Für die Roulade:
- 50 g getrocknete Tomaten
- 50 g schwarze Oliven (entsteint)
- 80 ml Olivenöl
- Salz · Pfeffer aus der Mühle
- 1 EL Semmelbrösel
- 1 Eigelb
- 600 g Kalbsfilet
- 10 Scheiben Pancetta
- 2 EL Butterschmalz

Für die Gnocchi:
- je 1 Bund Petersilie und Kerbel
- 50 g Parmesan (am Stück)
- 300 g Ricotta
- 2 Eier
- 100 g Mehl
- Salz · Pfeffer aus der Mühle
- Mehl für die Arbeitsfläche
- 50 g Butter

Für die Sauce:
- 1 Schalotte
- 300 ml Kalbsfond
- 5 weiße Pfefferkörner
- 1 Lorbeerblatt
- 2 EL scharfer grobkörniger Senf (z. B. von Johann Lafer)
- 150 g Sahne
- Salz · Pfeffer aus der Mühle

1 Für die Roulade getrocknete Tomaten, Oliven und 5 EL Olivenöl im Küchenmixer zu einer feinen Paste pürieren, salzen und pfeffern. Die Semmelbrösel und das Eigelb unterrühren. Das Kalbsfilet von Fett und Sehnen befreien, waschen und trocken tupfen. Das Fleisch der Länge nach aufschneiden, flach auslegen und leicht plattieren. Die Olivenpaste darauf verteilen, glatt streichen und das Fleisch aufrollen.

2 Den Backofen auf 80 °C vorheizen. Das Ofengitter auf die mittlere Schiene und darunter ein Abtropfblech schieben. Die Pancetta-Scheiben leicht überlappend auf der Arbeitsfläche auslegen, die Kalbsfiletrolle daraufsetzen und einwickeln. Einen Bogen Alufolie mit dem restlichen Olivenöl bestreichen und die Roulade fest darin einwickeln, die Enden eindrehen. Das Butterschmalz in einer Pfanne erhitzen und die Roulade darin etwa 2 Minuten rundum anbraten. Die Filetroulade auf dem Gitter im Ofen auf der mittleren Schiene etwa 20 Minuten garen.

3 Für die Gnocchi die Petersilie und den Kerbel waschen und trocken schütteln. Einige Kerbelstiele für die Deko beiseitelegen, von den restlichen Kräutern die Blätter abzupfen und fein hacken. 1 EL Kräuter beiseitelegen. Den Parmesan fein reiben. Den Ricotta in einer Schüssel mit den Eiern, den restlichen Kräutern, dem Parmesan und dem Mehl zu einem glatten Teig verkneten und kräftig mit Salz und Pfeffer würzen.

4 Den Ricottateig vierteln und auf der bemehlten Arbeitsfläche zu Rollen formen. Die Teigrollen in etwa 2 cm lange Stücke schneiden und in einem Topf in leicht köchelndem Salzwasser etwa 5 Minuten gar ziehen lassen. Mit dem Schaumlöffel herausheben und gut abtropfen lassen.

5 Für die Sauce die Schalotte schälen, halbieren und mit dem Fond, den weißen Pfefferkörnern und dem Lorbeerblatt in einem Topf auf die Hälfte einkochen lassen. Durch ein Sieb streichen, den Senf und die Sahne hinzufügen und einmal aufkochen lassen. Die Sauce mit Salz und Pfeffer würzen und mit dem Stabmixer aufschäumen.

6 Kurz vor dem Servieren die Gnocchi in einer Pfanne in der Butter anbraten, die beiseitegelegten gehackten Kräuter untermischen und mit Salz und Pfeffer würzen. Die Filetroulade aus der Folie wickeln, in Scheiben schneiden und mit den Kräuter-Gnocchi und der Sauce auf Tellern anrichten. Mit dem beiseitegelegten Kerbel garniert servieren.

Kalbskotelett

mit Holunder-Senf-Kruste und Buttermilch-Risotto

Zutaten für 4 Personen:

6 Schalotten
1 Salbeistiel
2 Rosmarinzweige
4 Kalbskoteletts
(à 220 g; küchenfertig)
2 EL Butterschmalz
Salz · Pfeffer aus der Mühle
500 ml Geflügelfond
160 g weiche Butter
200 g Risottoreis (z. B. Vialone)
150 ml trockener Weißwein
200 g Buttermilch
200 g gemischte Pilze
1 Knoblauchzehe
2 EL gehackte Petersilie
1 EL Senf
1 EL Holunderkonfitüre
1 EL Semmelbrösel
100 g Weißbrot
30 g Pinienkerne
Chili aus der Gewürzmühle
80 g Parmesan (am Stück)

1 Ein Backblech mit Alufolie auslegen. 2 Schalotten halbieren. Den Salbei waschen und trocken schütteln, die Hälfte der Blätter abzupfen und für die Deko beiseitelegen. Den Rosmarin waschen und trocken schütteln. Die Kalbskoteletts waschen und trocken tupfen. Das Butterschmalz in einer Pfanne erhitzen und die Koteletts darin bei starker Hitze auf beiden Seiten kurz anbraten. Die Temperatur auf mittlere Hitze reduzieren und die Schalotten sowie den Salbei- und 1 Rosmarinzweig zu den Koteletts in die Pfanne geben. Die Koteletts auf beiden Seiten weitere 3 Minuten braten, mit Salz und Pfeffer würzen. Die Koteletts mit den Schalotten und Kräutern auf das Blech legen.

2 Den Fond erhitzen. 2 Schalotten schälen und in feine Würfel schneiden. In einem Topf 2 EL Butter erhitzen und die Schalottenwürfel darin bei mittlerer Hitze andünsten. Den Reis hinzufügen und glasig dünsten. Mit dem Wein ablöschen und unter Rühren einköcheln lassen. Ein Drittel des heißen Fonds zum Reis gießen und unter häufigem Rühren bei schwacher Hitze köcheln lassen, bis der Reis die Flüssigkeit aufgenommen hat. Diesen Vorgang zweimal wiederholen, bis der Fond aufgebraucht ist. Dabei immer wieder rühren. Zuletzt die Buttermilch unterrühren und aufsaugen lassen.

3 Die Pilze putzen, trocken abreiben und nach Belieben klein schneiden. Die restlichen Schalotten sowie den Knoblauch schälen und in feine Würfel schneiden. Die Pilze mit den Schalotten und dem Knoblauch in 3 EL Butter anbraten. Salzen, pfeffern und die Petersilie unterrühren.

4 Den Backofengrill auf 230 °C vorheizen. Den Senf mit der Konfitüre und den Semmelbröseln verrühren. Das Weißbrot fein reiben. Vom restlichen Rosmarinzweig die Nadeln abzupfen und hacken. Die Koteletts mit der Holunder-Senf-Mischung bestreichen. 80 g Butter in Würfel schneiden und mit dem geriebenen Weißbrot und den Pinienkernen auf dem Fleisch verteilen. Die Koteletts mit etwas Rosmarin bestreuen und unter dem Backofengrill auf der mittleren Schiene goldbraun gratinieren.

5 Den Risotto mit Salz, Pfeffer und Chili aus der Mühle würzen. Den Parmesan fein reiben und 50 g mit der restlichen Butter unterrühren. Den Risotto auf Teller verteilen, die Koteletts und Pilze darauf anrichten und mit dem übrigen Parmesan und Salbei bestreuen.

Johann Lafer

Kalbskotelett

mit Aprikosen-Chutney auf Haselnuss-Tagliatelle

Zutaten für 4 Personen:

100 g fein gemahlene Haselnüsse
200 g ital. Hartweizengrieß
3 Eier
2 EL Haselnussöl · Salz
100 g getrocknete Aprikosen
3 Schalotten
1 Knoblauchknolle
1 rote Chilischote
5 EL Olivenöl
50 g Zucker
100 ml trockener Weißwein
50 ml Weißweinessig
Pfeffer aus der Mühle
Chili aus der Gewürzmühle
3 Thymianzweige
4 Kalbskoteletts (à 180 g)
2 EL Butterschmalz
50 g durchwachsener Speck (in Scheiben)
Mehl für die Arbeitsfläche
1/2 Bund Petersilie
50 g Butter

1 Die gemahlenen Haselnüsse sieben. Den Grieß mit den Haselnüssen, den Eiern, dem Haselnussöl und 1 TL Salz in der Küchenmaschine zu einem glatten Nudelteig verkneten. Falls nötig, noch etwas Wasser hinzufügen. Den Teig in Frischhaltefolie wickeln und im Kühlschrank 2 Stunden ruhen lassen.

2 Die Aprikosen fein hacken. Die Schalotten und 2 Knoblauchzehen schälen und in feine Würfel schneiden. Die Chilischote längs halbieren, entkernen, waschen und in feine Würfel schneiden. Das Olivenöl in einer Pfanne erhitzen und die Aprikosen mit den Schalotten, dem Knoblauch und der Chili darin andünsten. Den Zucker dazugeben und karamellisieren. Mit dem Wein und dem Essig ablöschen und bei schwacher Hitze 5 bis 8 Minuten einköcheln lassen. Das Chutney mit Salz, Pfeffer und Chili aus der Mühle würzen und abkühlen lassen.

3 Den Backofen auf 120 °C (Umluft) vorheizen. Ein Backblech mit Alufolie auslegen. Den Thymian waschen und trocken schütteln. Die Kalbskoteletts waschen, trocken tupfen und jeweils eine tiefe Tasche einschneiden. Die Koteletts mit dem Aprikosen-Chutney füllen und mit kleinen Holzspießen verschließen. Das Butterschmalz in einer Pfanne erhitzen, den Thymian, den Speck und 1/2 Knolle Knoblauch hinzufügen und die Koteletts darin auf beiden Seiten anbraten. Mit Salz und Pfeffer würzen. Alles auf das Blech geben und im Ofen auf der mittleren Schiene 10 bis 15 Minuten fertig garen.

4 Den Nudelteig auf der bemehlten Arbeitsfläche zu dünnen Bahnen ausrollen und in Streifen schneiden. Die Tagliatelle in einem Topf in reichlich kochendem Salzwasser 3 Minuten bissfest garen. In ein Sieb abgießen und abtropfen lassen.

5 Die Petersilie waschen und trocken schütteln, 2 Stiele für die Deko beiseitelegen. Von den restlichen Stielen die Blätter abzupfen und fein hacken. Die Butter in einer Pfanne zerlassen und die Nudeln mit der Petersilie darin schwenken, mit Salz und Pfeffer würzen.

6 Die Tagliatelle auf Teller verteilen, die Koteletts darauf anrichten und mit der Petersilie garnieren.

Kalbsleber Berliner Art

mit Apfel-Schalotten-Kompott und Kartoffelschaum

Zutaten für 4 Personen:

250 g mehligkochende Kartoffeln · Salz
100 g Sahne
50 ml Milch
50 ml Geflügelfond
60 g weiche Butter
Pfeffer aus der Mühle
Muskatblütensalz (z. B. von Johann Lafer)
4 Schalotten
3 rote Äpfel
Saft von 1 Zitrone
1 Tahiti-Vanilleschote
3 EL brauner Zucker
1 Zimtstange
2 Sternanis
200 ml Apfelsaft
50 ml Balsamico bianco
4 Scheiben Kalbsleber (à 150 g; küchenfertig)
Mehl zum Wenden
1 EL Butterschmalz
2 Thymianzweige
1/2 Knoblauchknolle (quer halbiert)

1 Für den Kartoffelschaum die Kartoffeln schälen, waschen und in einem Topf in Salzwasser weich garen. Die Kartoffeln abgießen, kurz ausdampfen lassen und durch die Kartoffelpresse in eine Schüssel drücken. Die Sahne, die Milch, den Fond und 50 g weiche Butter zur Kartoffelmasse geben und unterrühren. Mit Salz, Pfeffer und Muskatblütensalz würzen. Die Kartoffelmasse durch ein feines Sieb streichen, in einen Sahnesiphon füllen, 2 Kapseln hineindrehen und gut schütteln.

2 Für das Kompott die Schalotten schälen und in feine Streifen schneiden. Die Äpfel waschen, vierteln und die Kerngehäuse entfernen. Die Apfelviertel in Spalten schneiden und mit dem Zitronensaft beträufeln. Die Vanilleschote der Länge nach aufschneiden und das Mark herauskratzen. Den braunen Zucker in einer Pfanne karamellisieren. Das Vanillemark mit der Zimtstange und dem Sternanis hinzufügen. Die Schalottenstreifen dazugeben und mit dem Apfelsaft und dem Essig ablöschen. Die Apfelspalten hinzufügen und kurz mitgaren. Das Kompott mit Salz und Pfeffer würzen.

3 Die Leberscheiben waschen, trocken tupfen und im Mehl wenden. Das Butterschmalz in einer Pfanne erhitzen und die Leber darin auf beiden Seiten anbraten. Kräftig mit Pfeffer würzen. Den Thymian waschen und trocken schütteln. Die restliche Butter, den Thymian und die Knoblauchknolle dazugeben und die Leber mit der Butter beträufeln.

4 Die Kalbsleberscheiben auf Teller verteilen und mit Salz würzen. Das Apfel-Schalotten-Kompott daraufgeben und den Kartoffelschaum daneben anrichten. Nach Belieben mit Petersilie garnieren.

Süß-saure Nierchen »Heidi«

mit Butternudeln und Gurkensalat

Zutaten für 4 Personen:

Für die Nieren:
500 g Kalbs- oder Schweinenieren (küchenfertig)
500 ml Milch
200 g Bandnudeln · Salz
3 EL Butter
80 g durchwachsener Speck (am Stück)
2 Schalotten
Mehl zum Bestäuben
250 ml Fleischbrühe
3 EL trockener Weißwein
200 g Champignons
1 EL Olivenöl
Pfeffer aus der Mühle
1/2 Bund Petersilie
200 g Sahne
frisch geriebene Muskatnuss
Saft von 1/2 Zitrone

Für den Salat:
1 große Schlangengurke (oder 2 kleine)
Salz · 1 kleine Zwiebel
2 EL Olivenöl
2 EL Kräuteressig · 1/2 TL Honig
2 EL saure Sahne
1 EL gehackter Dill
Pfeffer aus der Mühle
Zucker

1 Die Nieren halbieren, waschen und trocken tupfen. In einer Schüssel in der Milch 30 bis 60 Minuten einlegen. Inzwischen die Bandnudeln nach Packungsanweisung in reichlich kochendem Salzwasser bissfest garen. Die Nudeln abgießen und abtropfen lassen. Kurz vor dem Servieren in einer Pfanne in 1 EL Butter schwenken. Für den Salat die Gurke schälen, halbieren und mit einem Teelöffel die Kerne entfernen. Die Gurke in Scheiben schneiden, salzen und kurz ziehen lassen.

2 Die Nieren aus der Milch nehmen, trocken tupfen und in Scheiben schneiden. Die restliche Butter in einem Bräter erhitzen und die Nierenscheiben darin bei mittlerer Hitze unter häufigem Wenden 3 bis 5 Minuten scharf anbraten. Herausnehmen und auf einem Sieb abtropfen lassen, dabei den Bratensaft auffangen.

3 Den Speck in kleine Würfel schneiden und im verbliebenen Bratfett im Bräter anbraten. Die Schalotten schälen und in feine Würfel schneiden. Zum Speck geben und kurz mitbraten. Mit etwas Mehl bestäuben und einige Sekunden rösten. Mit der Brühe und dem Wein ablöschen und bei starker Hitze unter Rühren sämig einkochen lassen.

4 Inzwischen die Champignons putzen, trocken abreiben und vierteln. In einer Pfanne im Olivenöl andünsten, mit Salz und Pfeffer würzen und warm halten. Die Petersilie waschen und trocken schütteln, die Blätter abzupfen und fein hacken.

5 Den Bräter vom Herd nehmen. Die Nieren mit dem abgetropften Bratensaft, der Petersilie und der Sahne in die Sauce geben und bei schwacher Hitze etwa 5 Minuten erhitzen (dabei nicht mehr aufkochen lassen!). Die Nierchen pikant mit Salz, Pfeffer, Muskatnuss, dem Zitronensaft und nach Belieben mit etwas Zucker abschmecken.

6 Für den Salat die Zwiebel schälen und in feine Würfel schneiden. Das Olivenöl mit dem Essig, dem Honig, der sauren Sahne und den Zwiebelwürfeln verrühren. Den Dill dazugeben und das Dressing mit Salz, Pfeffer und Zucker würzen. Die Gurkenscheiben trocken tupfen und mit dem Dressing mischen. Die Nierchen mit der Sauce, den Butternudeln und den Champignons auf Tellern anrichten und den Gurkensalat dazu servieren.

Frikadellen

mit Spitzkohlgemüse

Zutaten für 4 Personen:

1 Brötchen (vom Vortag)
3 Zwiebeln
500 g gemischtes Hackfleisch
1 Ei
1 EL mittelscharfer Senf
Salz · Pfeffer aus der Mühle
Paprikapulver (edelsüß)
3 EL Öl
2 EL Butterschmalz
Mehl zum Bestäuben
1 Spitzkohl
3 Möhren
125 ml Gemüsebrühe
1 Majoranstiel
150 g Crème fraîche

1 Das Brötchen in kaltem Wasser etwa 30 Minuten einweichen und anschließend ausdrücken. Die Zwiebeln schälen und 1 Zwiebel in feine Würfel schneiden. Die Zwiebelwürfel mit dem Hackfleisch, dem ausgedrückten Brötchen, dem Ei und dem Senf in einer Schüssel gut vermischen und mit Salz, Pfeffer und Paprikapulver würzen. Aus der Hackfleischmasse Frikadellen formen. In einer Pfanne 2 EL Öl erhitzen und die Frikadellen darin bei mittlerer Hitze 15 Minuten braten, dabei mehrmals wenden.

2 Eine Zwiebel in feine Ringe schneiden. Das Butterschmalz in einer Pfanne erhitzen. Die Zwiebelringe in die Pfanne geben, mit Mehl bestäuben und kross ausbacken. Herausnehmen, auf Küchenpapier abtropfen lassen und mit Salz würzen.

3 Den Spitzkohl halbieren und die äußeren Blätter entfernen, den Strunk herausschneiden und den Kohl in grobe Stücke schneiden. Die Möhren putzen, schälen und in Scheiben schneiden. Die restliche Zwiebel in grobe Würfel schneiden. Das übrige Öl in einem Topf erhitzen und den Spitzkohl, die Möhren und die Zwiebelwürfel darin andünsten. Die Brühe dazugießen und das Gemüse zugedeckt bei mittlerer Hitze 5 Minuten köcheln lassen.

4 Den Majoran waschen, trocken schütteln und die Blätter abzupfen, nach Belieben in feine Streifen schneiden. Das Spitzkohlgemüse mit Salz, Pfeffer und dem Majoran würzen. Die Crème fraîche unterrühren, das Gemüse dabei nicht mehr aufkochen lassen.

5 Die Frikadellen mit dem Spitzkohlgemüse auf Tellern anrichten und mit den gebratenen Zwiebelringen garnieren.

Mein Tipp

Hackfleisch muss immer topfrisch sein! Am besten brät man es noch am Einkaufstag gut durch und lässt es sich gleich anschließend gut schmecken! Übrigens lohnt es sich, das Hackfleisch beim Metzger zu kaufen – hier stimmt die Qualität.

Rheinische »Suur Bunne«

mit Kasseler und Würstchen

Zutaten für 4 Personen:

700 g mehligkochende Kartoffeln
Salz
1 kg milchsäurevergorene rheinische Schneidebohnen
2 Mettwürstchen
2 Scheiben Kasseler
4 Scheiben durchwachsener Speck
3 Wacholderbeeren
1 Lorbeerblatt
1 Bund Bohnenkraut
2 Zwiebeln
100 g fetter Speck (am Stück)
250 ml Milch
2 EL Butter
Pfeffer aus der Mühle
frisch geriebene Muskatnuss

1 Die Kartoffeln schälen, waschen und in Würfel schneiden. Die Kartoffelwürfel in einem Topf in Salzwasser weich garen. Die Bohnen in ein Sieb abgießen und abtropfen lassen.

2 In einem Topf 1 l Wasser zum Kochen bringen. Die Mettwürstchen, das Kasseler und die Speckscheiben mit den Wacholderbeeren sowie dem Lorbeerblatt hinzufügen und bei mittlerer Hitze etwa 20 Minuten köcheln lassen. Den Topf vom Herd nehmen und die Würstchen, das Fleisch und den Speck nachgaren lassen.

3 Vom Kochsud 500 ml abmessen und in einem Topf erhitzen. Das Bohnenkraut waschen, die Blätter abzupfen und fein hacken. Die Bohnen mit dem Bohnenkraut in den Sud geben und etwa 8 Minuten garen. Die Zwiebeln schälen und in feine Würfel schneiden. Den fetten Speck in kleine Würfel schneiden und in einer Pfanne ohne Fett kross braten.

4 Die gegarten Salzkartoffeln abgießen, kurz ausdampfen lassen und grob zerstampfen. Die Milch und die Butter hinzufügen und gut untermischen. Mit Salz, Pfeffer und Muskatnuss würzen. Nun die gekochten Bohnen mit dem gebratenen Speck und den Zwiebeln unter den Kartoffelstampf heben. Die »Suur Bunne« mit den Würstchen, dem Fleisch und den Speckscheiben auf Tellern anrichten.

Schweinekoteletts

mit geschmorten Äpfeln

Zutaten für 4 Personen:
500 g mehligkochende Kartoffeln
Salz
4 süßsaure Äpfel (z. B. Elstar)
120 g Butter
2 TL Zucker
4 Schweinekoteletts
(à 200–250 g)
Pfeffer aus der Mühle
3 EL Olivenöl
250 g Sahne
150 g Kalbsleberwurst
Fleur de Sel
frisch geriebene Muskatnuss
4 EL Calvados
(franz. Apfelbranntwein)

1 Die Kartoffeln schälen, waschen und in einem Topf in Salzwasser weich garen. Inzwischen die Äpfel schälen, vierteln und die Kerngehäuse entfernen. Die Apfelviertel in Spalten schneiden.

2 In einer beschichteten Pfanne 2 EL Butter erhitzen. Die Apfelspalten hinzufügen, mit 1 TL Zucker bestreuen und auf beiden Seiten leicht anbraten. Dann bei schwacher Hitze 5 Minuten schmoren lassen, dabei mehrmals wenden.

3 Die Schweinekoteletts waschen, trocken tupfen und die Fettränder etwas einschneiden, damit sich das Fleisch beim Braten nicht nach oben wölbt. Das Fleisch auf beiden Seiten leicht mit Salz und Pfeffer würzen.

4 Das Olivenöl in einer Pfanne erhitzen und die Koteletts darin auf beiden Seiten scharf anbraten. Dann das Fleisch bei schwacher Hitze 10 bis 12 Minuten fertig garen. Nochmals mit Salz und Pfeffer würzen. Nach Belieben den Bratensatz in der Pfanne mit etwas Wasser und Sahne ablöschen, kurz einkochen lassen und mit Salz und Pfeffer würzen.

5 Die Kartoffeln abgießen, kurz ausdampfen lassen und durch die Kartoffelpresse in eine Schüssel drücken. Die restliche Butter mit der Sahne und der Kalbsleberwurst zur Kartoffelmasse geben und alles mit einem Kochlöffel gut verrühren. Das Kartoffelpüree mit Fleur de Sel und Muskatnuss würzen.

6 Kurz vor dem Servieren die Apfelspalten mit dem Calvados ablöschen. Die Koteletts mit den geschmorten Äpfeln und dem Püree auf Teller verteilen und nach Belieben mit dem Bratensaft begießen.

Schweinefilet

mit Bohnengemüse

Zutaten für 4 Personen:

1 Schweinefilet (ca. 600 g)
1 Rosmarinzweig
3 Thymianzweige
2 EL Butterschmalz
Salz · Pfeffer aus der Mühle
2 Knoblauchzehen
500 g grüne Bohnen
8 Tomaten
100 g durchwachsener Speck (am Stück)
4 EL Olivenöl
1 Zwiebel

1 Den Backofen auf 175 °C vorheizen. Das Schweinefilet von Fett und Sehnen befreien, waschen und trocken tupfen. Den Rosmarin und den Thymian waschen und trocken schütteln.

2 Das Butterschmalz in einer ofenfesten Pfanne erhitzen und das Filet darin rundum scharf anbraten. Mit Salz und Pfeffer würzen. 1 Knoblauchzehe ungeschält zerdrücken und mit dem Rosmarin und 1 Zweig Thymian zum Fleisch in die Pfanne geben. Das Schweinefilet im Ofen auf der mittleren Schiene etwa 20 Minuten garen.

3 Inzwischen die Bohnen putzen, waschen und in 8 cm große Stücke schneiden. In einem Topf in kochendem Salzwasser kurz blanchieren, in ein Sieb abgießen und abtropfen lassen. Die Tomaten kreuzweise einritzen, überbrühen, kalt abschrecken, häuten, vierteln, entkernen und in grobe Stücke schneiden.

4 Den Speck in Streifen schneiden. Das Olivenöl in einer tiefen Pfanne erhitzen und den Speck darin auslassen. Den restlichen Knoblauch und die Zwiebel schälen und in feine Würfel schneiden. Beides zum Speck geben und andünsten. Die Bohnen und die Tomatenwürfel hinzufügen. Von 1 Thymianzweig die Blättchen abzupfen und fein hacken. Die Bohnen mit 1 TL gehacktem Thymian, Salz, Pfeffer und nach Belieben 1 Prise Zucker würzen. Das Bohnengemüse zugedeckt bei mittlerer Hitze etwa 15 Minuten dünsten.

5 Das Schweinefilet aus dem Ofen nehmen und in Scheiben schneiden. Mit dem Bohnengemüse auf Tellern anrichten. Mit dem restlichen Thymianzweig garnieren.

Mein Tipp

Wer neben den Bohnen noch eine weitere kräftige Grundlage braucht, dem empfehle ich ein leckeres Kartoffelgratin als Beilage.

Lammkarree

mit Knoblauchkartoffeln

Zutaten für 4 Personen:

1 kg Lammkarree
Salz · Pfeffer aus der Mühle
1 kg festkochende Kartoffeln
2 Knoblauchzehen
je 1 Rosmarin- und Thymianzweig
4 EL Olivenöl
400 g Rosenkohl
150 g Butter
frisch geriebene Muskatnuss
2 Petersilienstiele

1 Den Backofen auf 250 °C vorheizen. Die Fettpfanne auf die mittlere Schiene schieben. Das Lammkarree waschen, trocken tupfen und mit Salz und Pfeffer würzen. Die Kartoffeln schälen, waschen und in dünne Spalten schneiden.

2 Den Knoblauch schälen und in feine Scheiben schneiden. Den Rosmarin und den Thymian waschen und trocken schütteln, vom Thymian die Blättchen abzupfen und fein hacken.

3 Das Lammfleisch mit der Fettschicht nach oben in die heiße Fettpfanne setzen. Die Kartoffeln und das Olivenöl rundum verteilen und mit Salz und Pfeffer würzen. Die Backofentemperatur auf 200 °C reduzieren und das Karree etwa 20 Minuten garen. Nach der Hälfte der Garzeit die Kartoffeln wenden und den Knoblauch sowie den Rosmarinzweig und den Thymian hinzufügen.

4 Den Rosenkohl putzen, waschen und in einem Topf in kochendem Salzwasser blanchieren. In ein Sieb abgießen und abtropfen lassen. Die Butter in einer großen Pfanne erhitzen und braun werden lassen. Den Rosenkohl darin schwenken und mit Pfeffer und Muskatnuss würzen. Die Petersilie waschen und trocken schütteln, die Blätter abzupfen und fein hacken.

5 Das Lammkarree in Stücke schneiden und mit den Kartoffeln und dem Rosenkohl auf Tellern anrichten. Mit der Petersilie bestreuen.

Mein Tipp

Rosenkohl ist ein traditionelles Wintergemüse. Will man das mit mediterranen Kräutern aromatisierte Lammkarre aber im Sommer zubereiten, kann man stattdessen auch prima eine Ratatouille dazu servieren.

Lammfilet im Brotmantel

mit provenzalischer Tomatensauce

Zutaten für 4 Personen:

1 Ciabatta-Brot
je 2 Rosmarin- und Thymianzweige
8 Lammfilets (à 50 g)
Salz · Pfeffer aus der Mühle
50 g Butterschmalz
3 Knoblauchzehen
2 Schalotten
je 50 g grüne und schwarze Oliven (entsteint)
50 g getrocknete Tomaten
6 EL Olivenöl
2 EL Tomatenmark
300 ml Lammfond
200 ml trockener Rotwein
4 Tomaten
1 kleine Aubergine
2 EL gehackte Petersilie

1 Den Backofen auf 65 °C vorheizen. Vom Ciabatta-Brot der Länge nach 8 etwa 2 mm dünne Scheiben abschneiden (das geht am besten mit der Aufschnittmaschine). Die Kräuter waschen und trocken schütteln. Die Lammfilets waschen, trocken tupfen und mit Salz und Pfeffer würzen. Je 1 Filet mit 1 Brotscheibe umwickeln und nach Belieben mit kleinen Holzspießen feststecken.

2 Das Butterschmalz in einer Pfanne erhitzen. Die Lammfilets mit je 1 Rosmarin- und Thymianzweig sowie mit 1 ungeschälten Knoblauchzehe in die Pfanne geben und darin rundum goldbraun und knusprig braten. Die Filets herausnehmen, auf Küchenpapier abtropfen lassen und im Ofen warm halten.

3 Die Schalotten und den restlichen Knoblauch schälen und in feine Würfel schneiden. Von den übrigen Rosmarin- und Thymianzweigen die Nadeln bzw. Blättchen abzupfen und fein hacken. Die Oliven in Streifen und die getrockneten Tomaten in kleine Würfel schneiden.

4 In einer tiefen Pfanne 3 EL Olivenöl erhitzen und Schalotten- und Knoblauchwürfel, die gehackten Kräuter, die Oliven und die Tomatenwürfel darin andünsten. Das Tomatenmark dazugeben und leicht anrösten. Den Fond und den Wein dazugießen und alles etwa 5 Minuten köcheln lassen.

5 Inzwischen die Tomaten kreuzweise einritzen, überbrühen, kalt abschrecken, häuten, vierteln, entkernen und in Streifen schneiden. Die Aubergine putzen, waschen und in kleine Würfel schneiden. Das restliche Olivenöl in einer zweiten Pfanne erhitzen und die Auberginenwürfel darin goldbraun braten.

6 Die Tomatensauce mit Salz und Pfeffer kräftig würzen. Die Tomatenstreifen und Auberginenwürfel unterrühren und die Petersilie dazugeben. Die Sauce nochmals kurz aufkochen lassen, auf Teller verteilen und je 2 Lammfilets im Brotmantel darauf anrichten.

Lamm-Saltimbocca

mit marinierten Bohnenkernen

Zutaten für 4 Personen:

3 Tomaten
2 Knoblauchzehen
3 Rosmarinzweige
4 Thymianzweige
2 EL Olivenöl
Salz · Pfeffer aus der Mühle
2 EL Puderzucker
4 Lammlachse (Lammrückenfilets; à ca. 150 g)
8 Salbeiblätter
8 Scheiben Parmaschinken
3 EL Butterschmalz
400 g Saubohnenkerne
2 Schalotten (in feinen Würfeln)
60 g Butter
1 TL Honig
150 ml Geflügelfond
4 große festkochende Kartoffeln
200 g Ziegenkäserolle
1/2 TL schwarze Pfeffermischung

1 Den Backofen auf 80 °C vorheizen. Die Tomaten kreuzweise einritzen, überbrühen, kalt abschrecken, häuten, vierteln und entkernen. Tomatenviertel auf einem Backblech verteilen. Knoblauch schälen und in feine Würfel schneiden. Den Rosmarin und den Thymian waschen und trocken schütteln. Von 1 Zweig Rosmarin sowie 2 Zweigen Thymian die Nadeln bzw. Blättchen abzupfen und fein hacken. Knoblauch und gehackte Kräuter mit dem Olivenöl mischen. Die Tomatenfilets mit dem Öl beträufeln, mit Salz und Pfeffer würzen und mit Puderzucker bestäuben. Im Ofen auf der mittleren Schiene etwa 3 Stunden trocknen lassen.

2 Die Lammlachse waschen, trocken tupfen, schräg halbieren und längs aufschneiden. Aufklappen, flach drücken oder leicht plattieren und mit Pfeffer würzen. Mit je 1 Salbeiblatt belegen und mit 1 Scheibe Schinken umwickeln. In einer Pfanne 2 EL Butterschmalz erhitzen und die Saltimbocca darin auf beiden Seiten anbraten. Die Hitze reduzieren und das Fleisch 5 bis 8 Minuten gar ziehen lassen. Mit Salz würzen.

3 Die Saubohnenkerne in kochendem Salzwasser 2 Minuten blanchieren. In ein Sieb abgießen, kalt abschrecken und abtropfen lassen. Die Kerne aus den Häutchen pulen. Saubohnen und Schalotten in einer Pfanne in 4 EL Butter andünsten. Honig und Tomatenfilets dazugeben, mit dem Fond ablöschen und 3 bis 5 Minuten köcheln lassen. Salzen und pfeffern.

4 Die Kartoffeln schälen, waschen und mit einer speziellen Kartoffel-Gemüse-Maschine zu langen Spaghetti drehen (oder mit einem Messer in sehr feine Streifen schneiden). Das restliche Butterschmalz in einer Pfanne erhitzen, die Hälfte der Kartoffelfäden darin verteilen und auf der Unterseite goldbraun und knusprig braten. Die Rösti wenden, 1 EL Butter hinzufügen und die andere Seite ebenfalls goldbraun braten. Salzen, pfeffern und auf Küchenpapier abtropfen lassen. Mit den restlichen Kartoffelfäden ebenso verfahren. Aus den Rösti jeweils 4 Kreise ausstechen (etwa 6 cm Durchmesser). Die Backofentemperatur auf 180 °C erhöhen. Den Ziegenkäse in 4 Scheiben schneiden. Von den restlichen Kräuterzweigen die Nadeln bzw. Blättchen abzupfen und fein hacken, die Pfeffermischung im Mörser zerstoßen. Die Ziegenkäsescheiben mit dem Pfeffer und den Kräutern bestreuen und jeweils zwischen 2 Röstischeiben legen. Die Ziegenkäsetörtchen im Ofen auf der mittleren Schiene 5 bis 8 Minuten backen. Saltimbocca, Ziegenkäsetörtchen und marinierte Bohnenkerne auf Tellern anrichten.

Gebratener Lammrücken

auf scharfem Couscous-Salat

Zutaten für 4 Personen:

200 ml Lammfond · Salz
200 g Instant-Couscous
1 Möhre
1/2 Stange Lauch
1 Stange Staudensellerie
2 Schalotten
6 Knoblauchzehen
1 rote Chilischote
5 EL Olivenöl
1 TL rote Currypaste
5 EL alter Aceto balsamico
3 EL mittelscharfer Senf
Pfeffer aus der Mühle
3 Frühlingszwiebeln
10 Cocktailtomaten
je 2 Rosmarin- und Thymianzweige
2 Lammlachse (Lammrückenfilet; à 300 g)
3 EL Butterschmalz
3 Petersilienstiele
je 1/2 Bund Kerbel und Schnittlauch

1 Den Fond in einem Topf aufkochen und mit Salz würzen. Den Couscous in eine Schüssel geben, mit dem heißen Fond übergießen und 5 Minuten quellen lassen. Den Couscous mit einer Gabel auflockern.

2 Die Möhre putzen und schälen, den Lauch und den Sellerie putzen und waschen. Alles in feine Streifen schneiden. Die Schalotten und 2 Knoblauchzehen schälen und in feine Würfel schneiden. Die Chilischote längs halbieren, entkernen, waschen und in feine Würfel schneiden.

3 Das Olivenöl in einer Pfanne erhitzen und Schalotten- und Knoblauchwürfel darin andünsten. Die Chiliwürfel und die Currypaste hinzufügen und kurz mitrösten. Das Gemüse und den Couscous dazugeben und ebenfalls andünsten. Den Essig und 1 EL Senf untermischen und alles mit Salz und Pfeffer kräftig würzen. Die Frühlingszwiebeln putzen, waschen und in feine Ringe schneiden. Die Cocktailtomaten waschen und halbieren. Beides unter den Couscous mischen, die Pfanne vom Herd nehmen und den Salat gut durchziehen lassen.

4 Den Backofen auf 80 °C (Umluft) vorheizen. Ein Backblech mit Alufolie auslegen. Den Rosmarin und den Thymian waschen und trocken schütteln. Die Lammlachse von Fett und Sehnen befreien, waschen und trocken tupfen. Das Butterschmalz in einer Pfanne erhitzen, die Lammlachse mit den Kräuterzweigen und den restlichen ungeschälten Knoblauchzehen hineingeben und das Fleisch darin rundum anbraten. Mit Salz und Pfeffer würzen. Alles auf das Blech geben und im Ofen auf der mittleren Schiene 20 Minuten garen. Das Fleisch herausnehmen und 5 Minuten ruhen lassen.

5 Inzwischen die Petersilie, den Kerbel und den Schnittlauch waschen und trocken schütteln, von Petersilie und Kerbel die Blätter abzupfen und fein hacken. Den Schnittlauch in feine Röllchen schneiden. Das Lammfleisch mit dem restlichen Senf bestreichen, in den Kräutern wälzen und in Scheiben schneiden. Den Couscous-Salat auf Teller verteilen und das Lamm darauf anrichten.

Geflügel & Wild

Johann: Horst, die Gießkanne dahinten, vergiss nicht, die einzupacken, wenn wir zu unserem Jagdausflug aufbrechen!

Horst: Was? Es hat doch genug geregnet in den letzten Tagen. Was willst du mit einer Gießkanne im Wald?

Johann: Na, Hirsche anlocken!

Horst: Mit einer Gießkanne? Meinst du, die sind durstig?

Johann: Ach Quatsch, aber hör mal. (bläst in die Gießkanne, ein fürchterlicher Laut ertönt)

Horst: Wundervoll, Johann, richtig schön! Das ist wieder ein Beweis, dass du alles für ein gutes Stück Fleisch tust.

LAFER

Salbei-Chili-Hähnchen

mit Möhren und Zuckerschoten

Zutaten für 4 Personen:

4 Hähnchenbrustfilets
(à 150 g; mit Haut)
12 Salbeiblätter
Salz · Pfeffer aus der Mühle
2 kleine rote Chilischoten
3 EL Olivenöl
300 g Baby-Möhren (mit Grün)
300 g Zuckerschoten
1 Korianderstiel (ersatzweise
etwas gemahlener Koriander)
2 EL Butter
Zucker
4 EL Mascarpone
4 EL Sahne
1 EL gehackte Petersilie

1 Die Hähnchenbrustfilets waschen und trocken tupfen. Die Salbeiblätter waschen, trocken tupfen und je 3 Blätter unter die Hähnchenhaut schieben. Die Filets kräftig mit Salz und Pfeffer würzen. Die Chilischoten längs halbieren, entkernen, waschen und in feine Würfel schneiden.

2 Das Olivenöl in einer Pfanne erhitzen und die Hähnchenbrustfilets darin auf der Hautseite scharf anbraten. Dann wenden und das Fleisch bei mittlerer Hitze etwa 7 Minuten weitergaren. Kurz vor Garzeitende die Chiliwürfel dazugeben.

3 Inzwischen die Baby-Möhren waschen und die Zuckerschoten putzen und waschen. Beides in einem Topf in kochendem Salzwasser etwa 5 Minuten bissfest blanchieren. In ein Sieb abgießen, kalt abschrecken und abtropfen lassen. Von den Möhren die äußere Haut abziehen.

4 Den Koriander waschen und trocken schütteln, die Blätter abzupfen und fein hacken. Die Butter in einer Pfanne erhitzen und die Möhren und Zuckerschoten darin kurz schwenken. Mit etwas Zucker, Salz und dem Koriander würzen.

5 Den Mascarpone mit der Sahne cremig rühren, mit Salz und Pfeffer würzen und die Petersilie unterrühren. Die Salbei-Chili-Hähnchen in Scheiben schneiden, mit dem Möhren-Zuckerschoten-Gemüse auf Tellern anrichten und die Mascarponecreme dazu servieren. Nach Belieben frisches Baguette dazu reichen.

Gefüllte Hähnchenbrust

mit frittierten Baby-Zucchini

Zutaten für 4 Personen:

8 Baby-Zucchini · Salz
2 Frühlingszwiebeln
1 Zwiebel
3 Knoblauchzehen
170 ml Olivenöl
2 Thymianzweige
Pfeffer aus der Mühle
50 g Mozzarella
150 g Frühstücksspeck (in Scheiben)
100 g Mehl
2 Eier
3 EL Sahne
frisch geriebene Muskatnuss
100 g gemahlene Walnüsse
200 g Paniermehl
4 Hähnchenbrustfilets (à 160 g; mit Haut)
1 Orange
1 Bund Basilikum
50 g geriebener Pecorino
4 Salbeiblätter
2 EL Butterschmalz
Öl zum Ausbacken

1 Die Zucchini in kochendem Salzwasser etwa 3 Minuten blanchieren. In ein Sieb abgießen, kalt abschrecken und trocken tupfen. Die Zucchini putzen, längs halbieren und mit dem Kugelausstecher aushöhlen. Das Fruchtfleisch klein schneiden. Die Frühlingszwiebeln putzen, waschen und in feine Ringe schneiden. Die Zwiebel und 1 Knoblauchzehe schälen und in feine Würfel schneiden. Zwiebel- und Knoblauchwürfel in einer Pfanne in 2 EL Olivenöl andünsten. Das Zucchinifruchtfleisch mit den Frühlingszwiebeln hinzufügen und etwas mitdünsten. Den Thymian waschen, trocken schütteln und die Blättchen abzupfen, 1 EL Thymian abmessen und den Rest beiseitelegen. Das Zucchinigemüse mit Salz, Pfeffer und dem abgemessenen Thymian würzen.

2 Die Zucchinihälften mit der Masse füllen. Den Mozzarella klein schneiden und darauf verteilen. Die Zucchinihälften wieder zusammensetzen, mit den Speckscheiben umwickeln und mit kleinen Holzspießen feststecken. Das Mehl in einen tiefen Teller geben. Die Eier mit der Sahne in einem zweiten tiefen Teller verquirlen und mit Muskatnuss würzen. Die Walnüsse mit dem Paniermehl ebenfalls in einem tiefen Teller mischen. Die Zucchini zunächst im Mehl und dann in der Eier-Sahne-Mischung wenden, zuletzt mit der Nuss-Paniermehl-Mischung panieren.

3 Die Hähnchenbrustfilets waschen und trocken tupfen. Die Orange so großzügig schälen, dass auch die weiße Haut mit entfernt wird, und die Fruchtfilets aus den Trennhäuten schneiden.

4 Das Basilikum waschen, trocken schütteln und die Blätter abzupfen. Den restlichen Knoblauch schälen und mit dem Pecorino, dem übrigen Olivenöl, Basilikum, Salbei und beiseitegelegtem Thymian im Blitzhacker pürieren, mit Salz und Pfeffer würzen. Die Haut vom Hähnchenfleisch anheben und die Kräuterfüllung und die Orangenfilets darunterschieben. Mit kleinen Holzspießen verschließen und die Hähnchenbrüste mit Salz und Pfeffer würzen. Den Backofen auf 200 °C vorheizen. Das Butterschmalz in einer ofenfesten Pfanne erhitzen und die Hähnchenbrüste darin auf beiden Seiten scharf anbraten. Dann auf der Fleischseite im Ofen auf der mittleren Schiene etwa 15 Minuten fertig garen. Dabei die Haut immer wieder mit dem entstandenen Bratfett bestreichen.

5 Das Öl in der Fritteuse erhitzen und die Zucchini darin rundum goldbraun ausbacken. Mit den gefüllten Hähnchenbrustfilets anrichten.

Maispoulardenbrust

mit Aprikosen-Curry-Kruste und Mandel-Couscous

Zutaten für 4 Personen:

4 Maispoulardenbrustfilets (à 160 g; mit Haut)
2 EL Butterschmalz
1/2 Knoblauchknolle (quer halbiert)
5 getrocknete Aprikosen
2 EL mittelscharfer Senf
1/2 EL Currypulver
2 Scheiben Toastbrot
50 g kalte Butter
200 ml Geflügelfond · Salz
1/2 TL gemahlene Kurkuma
200 g Instant-Couscous
50 g Rosinen
2 cl Aprikosenlikör
2 EL Zucker
100 g Mandelstifte
Pfeffer aus der Mühle
1 rote Chilischote
2 Frühlingszwiebeln

1 Die Maispoulardenbrustfilets waschen und trocken tupfen. Das Butterschmalz in einer Pfanne erhitzen, die obere Hälfte der Knoblauchknolle hinzufügen und die Poulardenbrustfilets im Butterschmalz auf beiden Seiten anbraten. Auf die Hautseite drehen und bei mittlerer Hitze 5 bis 8 Minuten ziehen lassen.

2 Den Backofengrill einschalten. Die Aprikosen fein hacken und mit dem Senf und dem Currypulver mischen. Die Poulardenbrustfilets auf der Hautseite mit der Aprikosen-Senf-Mischung bestreichen. Das Toastbrot entrinden, im Blitzhacker fein mahlen und die Brösel auf die mit Senf bestrichene Fleischseite streuen. Die kalte Butter in Flocken darauf verteilen und die Maispoulardenbrustfilets unter dem Grill auf der 2. Schiene von oben goldbraun gratinieren.

3 Den Fond mit Salz und der Kurkuma in einem Topf aufkochen. Den Couscous in eine Schüssel geben, mit dem heißen Fond übergießen und 5 Minuten quellen lassen. Mit einer Gabel zwischendurch auflockern.

4 Die Rosinen im Likör einweichen. Den Zucker in einer Pfanne karamellisieren, die Mandelstifte dazugeben und goldbraun rösten. Die Rosinen samt Flüssigkeit hinzufügen und alles unter den Couscous rühren. Den Mandel-Couscous mit Salz und Pfeffer würzen.

5 Die Chilischote längs halbieren, entkernen, waschen und in feine Würfel schneiden. Die Frühlingszwiebeln putzen, waschen und in feine Ringe schneiden. Beides ebenfalls unter den Couscous rühren.

6 Den Mandel-Couscous auf Teller verteilen. Die gratinierten Maispoulardenbrustfilets in nicht zu dünne Scheiben schneiden und auf dem Couscous anrichten.

Geflügel-Satés

auf Tandoori-Risotto

Zutaten für 4 Personen:

je 1/2 TL Korianderkörner und Kreuzkümmelsamen
2 getrocknete Chilischoten
40 g Ingwer
700 ml Geflügelfond
3 Schalotten
4 Knoblauchzehen
3 EL Olivenöl
200 g Risottoreis (z. B. Vialone)
150 ml trockener Weißwein
50 g Parmesan (am Stück)
100 g Naturjoghurt
50 g Sahne
50 g Butter
Salz · Pfeffer aus der Mühle
Saft von 1/2 Zitrone
300 g Geflügelbrustfilet (ohne Haut; z. B. Huhn oder Pute)
1 rote Chilischote
5 EL Erdnussöl
2 EL Honig
1/2 Bund Koriander

1 Die Korianderkörner, den Kreuzkümmel und die getrockneten Chilischoten im Mörser fein zerstoßen. Den Ingwer schälen und fein reiben. Den Fond erhitzen. Je 2 Schalotten und Knoblauchzehen schälen und in feine Würfel schneiden. Das Olivenöl in einem Topf erhitzen und die Schalotten, den Knoblauch und die Hälfte des Ingwers darin andünsten. Die zerstoßenen Gewürze dazugeben. Den Reis hinzufügen und glasig dünsten. Mit dem Wein ablöschen und einköcheln lassen.

2 Ein Viertel des heißen Fonds zum Reis gießen und unter häufigem Rühren bei schwacher Hitze köcheln lassen, bis der Reis die Flüssigkeit aufgenommen hat. Immer wieder so viel heißen Fond angießen, dass der Reis gerade bedeckt ist, und unter häufigem Rühren bei schwacher Hitze köcheln lassen. Diesen Vorgang so lange wiederholen, bis der Reis bissfest gegart ist.

3 Den Parmesan fein reiben und mit dem Joghurt unter den Risotto rühren. Die Sahne steif schlagen und 2 EL davon mit der Butter ebenfalls unter den Risotto heben. Den Tandoori-Risotto mit Salz, Pfeffer und dem Zitronensaft würzen.

4 Für die Saté-Spieße das Geflügelbrustfilet waschen, trocken tupfen und längs in 2 cm dicke Streifen schneiden. Die Fleischstreifen wellenförmig auf Holzspieße stecken.

5 Die Chilischote längs halbieren, entkernen, waschen und in feine Würfel schneiden. Die restliche Schalotte und den übrigen Knoblauch schälen und in feine Würfel schneiden. Die Schalotten- und Knoblauchwürfel mit dem restlichen Ingwer, dem Erdnussöl und dem Honig in einer Schüssel verrühren und die Geflügelspieße damit etwa 10 Minuten marinieren. Eine Pfanne erhitzen und die Saté-Spieße darin rundum 2 bis 4 Minuten braten. Mit Salz und Pfeffer würzen.

6 Den Koriander waschen und trocken schütteln, die Blätter von den Stielen zupfen und fein hacken. Den Risotto auf Tellern anrichten, die Saté-Spieße darauflegen und mit dem Koriander bestreuen.

Kräuter-Hähnchenschenkel

mit Büffelmozzarella

Zutaten für 4 Personen:

1 unbehandelte Zitrone
30 g gemischte Kräuterblätter (z. B. Petersilie, Schnittlauch, Rosmarin, Zitronenmelisse)
2 Scheiben Vollkorntoast
3 Knoblauchzehen
7 EL Olivenöl
12 kleine Hähnchenschenkel (à ca. 100 g)
Salz · Pfeffer aus der Mühle
200 g Büffelmozzarella

1 Die Zitrone heiß waschen, trocken reiben und die Schale fein abreiben. Den Saft auspressen. Die Kräuterblätter waschen und trocken tupfen. Das Toastbrot grob zerkleinern. Den Knoblauch schälen und mit den Kräutern, dem Toastbrot, 5 EL Olivenöl und der Zitronenschale im Küchenmixer oder Mörser fein mahlen.

2 Die Hähnchenschenkel waschen und trocken tupfen. Das restliche Olivenöl in einer Pfanne erhitzen und die Hähnchenschenkel darin rundum knusprig anbraten. Mit Salz und Pfeffer würzen.

3 Den Backofen auf 200 °C vorheizen. Die Schenkel auf ein Backblech legen und mit dem Zitronensaft beträufeln. Den Mozzarella in Scheiben schneiden und das Fleisch damit belegen. Mit der Kräuter-Knoblauch-Mischung bestreuen und alles im Ofen auf der mittleren Schiene 20 bis 25 Minuten überbacken. Die Hähnchenschenkel am besten mit frischem Baguette und Rosmarinkartoffeln servieren.

Hähnchen im Vanillesud

auf jungem Spinat

Zutaten für 4 Personen:

2 Thymianzweige
3 Knoblauchzehen
1 Vanilleschote
1/2 rote Chilischote
4 Hähnchenschenkel
2 EL Olivenöl
2 EL Akazienhonig
600 ml Geflügelfond
Salz · Pfeffer aus der Mühle
200 g Orecchiette
100 g Sahne
90 g kalte Butter
500 g junger Blattspinat
4 Schalotten
frisch geriebene Muskatnuss
1 EL grober Dijon-Senf

1 Den Thymian waschen, trocken schütteln und grob zupfen. 2 Knoblauchzehen ungeschält halbieren. Die Vanilleschote der Länge nach aufschneiden und das Mark herauskratzen. Die Chilischote entkernen, waschen und in feine Würfel schneiden. Die Hähnchenschenkel waschen, trocken tupfen und mit einem scharfen Messer in Ober- und Unterkeulen trennen.

2 Das Olivenöl in einem Topf erhitzen, den Thymian, den Knoblauch, das Vanillemark und die Chiliwürfel hinzufügen und die Hähnchenteile darin rundum anbraten. Mit dem Honig glasieren. Den Fond dazugießen, mit Salz und Pfeffer würzen und die Hähnchenteile bei mittlerer Hitze 25 Minuten köcheln lassen.

3 Inzwischen die Orecchiette nach Packungsanweisung in reichlich kochendem Salzwasser bissfest garen. In ein Sieb abgießen und abtropfen lassen.

4 Den Backofen auf 90 °C (Umluft) vorheizen. Die Hähnchenteile aus dem Vanillesud nehmen und im Ofen warm halten. Den Sud durch ein Sieb in einen Topf gießen. Die Sahne dazugeben und die Sauce 10 Minuten köcheln lassen. Nach und nach 50 g kalte Butter in Würfeln dazugeben und mit dem Stabmixer unterrühren. Zuletzt nochmals mit Salz und Pfeffer würzen.

5 Den Spinat verlesen, waschen und trocken schleudern. Die Schalotten und den restlichen Knoblauch schälen und in feine Würfel schneiden. Die restliche Butter in einer Pfanne erhitzen und die Schalotten und den Knoblauch darin andünsten. Den Spinat dazugeben und unter Schwenken zusammenfallen lassen. Mit Salz, Pfeffer und Muskatnuss würzen. Die Orecchiette hinzufügen, erhitzen und alles mit dem Senf verfeinern.

6 Die Spinat-Orecchiette auf Teller verteilen, die Hähnchenstücke darauf anrichten und mit dem Vanillesud beträufeln.

Exotisches »Sommerglück«

mit Cashewkernen und Chili

Zutaten für 4 Personen:

2 Entenbrustfilets (à 350 g)
2 EL Olivenöl
Salz · Pfeffer aus der Mühle
4 EL Sweet-Chili-Sauce
200 g Asia-Bandnudeln
2 rote Paprikaschoten
1 Glas Bambus-Schößlinge (ca. 300 g)
20 g Ingwer
1 Knoblauchzehe
1 rote Chilischote
200 ml Entenfond
3 EL Sojasauce
75 g Cashewkerne
einige Korianderblätter

1 Den Backofen auf 200 °C (Umluft) vorheizen. Die Entenbrustfilets waschen, trocken tupfen und die Haut mit einem scharfen Messer rautenförmig einschneiden. Das Olivenöl in einer Pfanne erhitzen und das Fleisch darin zuerst auf der Hautseite scharf anbraten. Dann wenden und auf der Fleischseite ebenfalls kurz anbraten. Die Filets mit Salz und Pfeffer würzen.

2 Die Filets aus der Pfanne nehmen (die Pfanne beiseitestellen), mit der Hautseite nach oben in die Fettpfanne des Backofens legen und mit 2 EL Sweet-Chili-Sauce bestreichen. Die Entenbrust im Ofen auf der mittleren Schiene etwa 15 Minuten garen. Nach der Hälfte der Garzeit die Backofentemperatur auf 60 °C herunterschalten.

3 Die Nudeln nach Packungsanweisung garen. Die Paprikaschoten längs halbieren, entkernen, waschen und in feine Streifen schneiden. Die Bambus-Schößlinge in ein Sieb abgießen und abtropfen lassen.

4 Den Ingwer und den Knoblauch schälen. Die Chilischote längs halbieren, entkernen und waschen. Ingwer, Knoblauch und Chili fein hacken. Die Paprikastreifen und Bambus-Schößlinge in der Pfanne im verbliebenen Bratfett anbraten. Ingwer, Knoblauch und Chili hinzufügen und mitbraten. Mit dem Fond und der Sojasauce ablöschen. Die Cashewkerne in einer Pfanne ohne Fett goldbraun rösten.

5 Das Fleisch aus dem Ofen nehmen, in feine Streifen schneiden und unter das Gemüse mischen. Die Cashewkerne unterheben und das Entengeschnetzelte mit der restlichen Sweet-Chili-Sauce würzen. Die Nudeln in ein Sieb abgießen, mit dem Geschnetzelten anrichten und mit dem Koriander garnieren.

Putenfilet in Estragonsauce
mit Kartoffelplätzchen

Zutaten für 4 Personen:

1 Zwiebel
1 Knoblauchzehe
300 g Champignons
600 g Putenbrustfilet oder -schnitzel
3 Estragonstiele
1 unbehandelte Orange
2 EL Butterschmalz
Salz · Pfeffer aus der Mühle
50 ml trockener Weißwein
150 ml Geflügelfond
250 g Sahne
3 EL Dijon-Senf mit Estragon
500 g festkochende Kartoffeln
1 Ei
1 EL Mehl
2 EL gehobelte Haselnüsse
2 EL Öl

1 Die Zwiebel und den Knoblauch schälen und in feine Würfel schneiden. Die Champignons putzen, trocken abreiben und nach Belieben halbieren. Das Putenfleisch waschen, trocken tupfen und in Streifen schneiden. Den Estragon waschen und trocken schütteln, die Blätter abzupfen und fein hacken. Die Orange heiß waschen, trocken reiben und von der Schale mit dem Zestenreißer einige feine Streifen abziehen. Die Orange halbieren und 2 EL Saft auspressen.

2 Das Butterschmalz in der Pfanne erhitzen und die Putenstreifen darin rundum scharf anbraten. Die Zwiebel, den Knoblauch und die Pilze dazugeben, alles mit Salz und Pfeffer würzen und bei schwacher Hitze weitere 5 Minuten braten. Mit dem Wein ablöschen und den Fond und die Sahne dazugießen. Kurz aufkochen lassen und mit Salz, Pfeffer, Senf und Orangensaft herzhaft abschmecken. Die Sauce einköcheln lassen und zum Schluss den Estragon hinzufügen.

3 Für die Kartoffelplätzchen die Kartoffeln schälen, waschen und auf der Gemüsereibe raspeln. Die Kartoffelraspel in einer Schüssel mit dem Ei, dem Mehl und den Haselnüssen mischen, mit Salz, Pfeffer und nach Belieben etwas Muskatnuss würzen. Das Öl in einer Pfanne erhitzen, die Kartoffelmasse zu kleinen Plätzchen formen und im heißen Öl auf beiden Seiten goldbraun braten.

4 Die Putenfiletstreifen in Estragonsauce mit den Kartoffelplätzchen auf Teller verteilen und mit den Orangenzesten und nach Belieben Estragon garnieren.

Mein Tipp

Es müssen nicht immer die Kartoffelplätzchen sein! Zu den Putenfiletstreifen in Sauce passt auch wunderbar ein schöner Kartoffelstampf oder Herzoginkartoffeln.

Johann Lafer

Gebratene Entenbrust

mit Balsamico-Pfirsichen

Zutaten für 4 Personen:

600 g mehligkochende Kartoffeln
4 Entenbrustfilets (à ca. 180 g; mit Haut)
je 2 Rosmarin- und Thymianzweige
1 Knoblauchknolle (quer halbiert)
4 Pfirsiche
1/2 Tahiti-Vanilleschote
60 g Butter
2 EL Zucker
70 ml Aceto balsamico
150 g Sahne
Muskatblütensalz (z. B. von Johann Lafer)
50 g Macadamianüsse
Salz · Pfeffer aus der Mühle

1 Die Kartoffeln schälen, waschen und im Dampfgarer oder in einem Topf mit Dämpfeinsatz weich dämpfen. Anschließend die Kartoffeln zweimal durch die Kartoffelpresse drücken und in eine Schüssel geben.

2 Den Backofen auf 120 °C vorheizen. Ein Backblech mit Alufolie auslegen. Die Entenbrustfilets waschen, trocken tupfen und die Hautseite mit einem scharfen Messer rautenförmig einschneiden. Die Kräuterzweige waschen und trocken schütteln. Eine Pfanne ohne Fett erhitzen und die Entenbrustfilets darin zunächst auf der Hautseite knusprig und goldbraun braten. Die ungeschälte Knoblauchknolle quer halbieren. Das Fleisch wenden, die Knoblauchknolle mit den Kräuterzweigen hinzufügen und die Filets auf der Fleischseite kurz anbraten. Alles auf das Blech geben und das Entenfleisch im Ofen auf der mittleren Schiene 10 bis 15 Minuten fertig garen.

3 Die Pfirsiche kreuzweise einritzen, überbrühen, kalt abschrecken und häuten. Die Pfirsiche halbieren und entsteinen. Die Vanilleschote der Länge nach aufschneiden und das Mark herauskratzen. In einer Pfanne 1 EL Butter aufschäumen und die Pfirsichhälften darin schwenken. Den Zucker, das Vanillemark und den Essig dazugeben und die Pfirsichhälften einige Minuten garen.

4 Die Sahne in einem Topf einmal aufkochen, 50 g Butter unterrühren und mit dem Muskatblütensalz würzen. Die Sahnemischung unter das Kartoffelmus rühren. Die Macadamianüsse hacken und in einer Pfanne ohne Fett goldbraun rösten. Die Nüsse unter das Kartoffelpüree mischen und das Püree mit Salz und Pfeffer würzen.

5 Das Kartoffelpüree auf Tellern anrichten und die Pfirsiche mit dem Balsamicosud darübergeben. Die Entenbrust aus dem Ofen nehmen, mit Salz und Pfeffer würzen und in nicht zu dünne Scheiben schneiden. Neben dem Kartoffelpüree anrichten.

Johann Lafer

Glasierte Entenbrust

auf Thymian-Gnocchi und Pfifferlingen

Zutaten für 4 Personen:

4 Entenbrustfilets (à ca. 180 g)
1 Bund Thymian
2 EL Butterschmalz
Salz · Pfeffer aus der Mühle
1 Knoblauchknolle
130 g kalte Butter
400 g mehligkochende Kartoffeln
150 g Ricotta
150 g Mehl
2 Eier
frisch geriebene Muskatnuss
einige Petersilienstiele
4 EL Semmelbrösel
400 g Pfifferlinge
2 Schalotten
2 EL Olivenöl
50 ml Weinbrand
200 ml Kalbsfond
100 g Sahne
2 EL Feigensenf mit Feigenstücken (z.B. Feigen-Konfitüren-Senf von Johann Lafer)

1 Den Backofen auf 120 °C vorheizen. Ein Backblech mit Alufolie auslegen. Die Entenbrustfilets waschen, trocken tupfen und die Haut mit einem scharfen Messer rautenförmig einschneiden. Den Thymian waschen und trocken schütteln. Das Butterschmalz in einer Pfanne erhitzen und die Entenbrustfilets darin zuerst auf der Hautseite knusprig braten. Mit Salz und Pfeffer würzen. Die ungeschälte Knoblauchknolle quer halbieren und mit 3 Zweigen Thymian zur Entenbrust geben. Die Filets wenden und auf der Fleischseite kurz anbraten. 30 g Butter dazugeben, schmelzen lassen und das Fleisch damit glasieren. Die Entenbrüste mit dem Thymian und dem Knoblauch auf das Blech geben und im Ofen auf der mittleren Schiene 10 bis 15 Minuten garen.

2 Für die Gnocchi die Kartoffeln schälen, waschen und im Dampfgarer oder in einem Topf mit Dämpfeinsatz weich dämpfen. Die Kartoffeln noch warm durch die Kartoffelpresse drücken und mit dem Ricotta mischen. Von 2 Tymianzweigen die Blättchen abzupfen, fein hacken und mit Mehl und Eiern zur Kartoffelmasse geben. Mit Salz, Pfeffer und Muskatnuss würzen und alles zu einem glatten Teig verkneten. Aus dem Teig etwa 2 cm große Kugeln formen, mit einer Gabel flach drücken.

3 In einem Topf Salzwasser zum Kochen bringen und die Gnocchi darin etwa 6 Minuten garen. Sobald sie an die Oberfläche steigen, herausnehmen, kalt abschrecken und abtropfen lassen. Die Petersilie waschen und trocken schütteln, 10 Blätter abzupfen und grob hacken. In einer Pfanne 30 g Butter zerlassen und 2 EL Semmelbrösel dazugeben. Die Gnocchi in den Bröseln wenden und die Petersilie unterrühren.

4 Die Pfifferlinge putzen und trocken abreiben. Die Schalotten schälen und in feine Würfel schneiden. Das Olivenöl in einer Pfanne erhitzen und die Schalotten darin andünsten. Die Pfifferlinge hinzufügen und kurz mitdünsten. Mit dem Weinbrand ablöschen, Fond und Sahne dazugießen. Die Sauce etwas einkochen lassen. Nach und nach 30 g kalte Butter in Würfeln unter die Sauce rühren. Salzen und pfeffern.

5 Die Entenbrust auf der Hautseite mit Feigensenf bestreichen und mit den restlichen Semmelbröseln bestreuen. Die übrige Butter in Flocken darauf verteilen und die Filets im auf 200 °C vorgeheizten Backofen 2 bis 3 Minuten goldbraun überbacken. Die Filets in Scheiben schneiden und mit den Gnocchi und den Pfifferlingen auf Tellern anrichten.

Entenbrust

mit karamellisierten Orangen

Zutaten für 4 Personen:

1 kg mehligkochende Kartoffeln
Salz · 1 Ei
200 g Mehl
Mehl für die Arbeitsfläche und zum Bestäuben
160 ml Aceto balsamico
150 ml Olivenöl
4 Knoblauchzehen
$\frac{1}{2}$ rote Chilischote
70 g kalte Butter
500 g Entenbrustfilet (ohne Knochen; mit Haut)
250 ml frisch gepresster Orangensaft
Pfeffer aus der Mühle
2 Orangen
1 EL Zucker
2 cl Grand Marnier (franz. Orangenlikör)

1 Die Kartoffeln schälen, waschen und in einem Topf in Salzwasser weich garen. Abgießen, kurz ausdampfen lassen und noch heiß durch die Kartoffelpresse in eine Schüssel drücken. Das Ei verquirlen und mit dem Mehl und 1 Prise Salz zu den Kartoffeln geben. Alles zu einem geschmeidigen Teig verkneten.

2 Den Teig auf der bemehlten Arbeitsfläche zu Rollen von $1\frac{1}{2}$ cm Durchmesser formen und in 2 cm dicke Scheiben schneiden. Die Teigscheiben zu kleinen Klößen formen und auf ein mit Mehl bestäubtes Küchentuch legen. Die Kartoffelklöße in einem Topf in kochendem Salzwasser portionsweise garen. Sobald sie an die Oberfläche steigen, mit dem Schaumlöffel herausnehmen, abtropfen lassen und warm stellen.

3 Für die Balsamicosauce 100 ml Essig und 100 ml Olivenöl verrühren. 2 Knoblauchzehen schälen. Die Chilischote entkernen und waschen. Beides in feine Würfel schneiden. Knoblauch, Chili und 1 Prise Salz unter die Essig-Öl-Mischung rühren und beiseitestellen.

4 Für die Entenbrust das restliche Olivenöl und 4 EL Butter in einer Pfanne erhitzen. Die beiden übrigen ungeschälten angedrückten Knoblauchzehen dazugeben, bei schwacher Hitze kurz anbraten und wieder entfernen. Die Entenbrust waschen, trocken tupfen und in Streifen schneiden. Die Entenbruststreifen in der Pfanne im Knoblauchöl bei starker Hitze unter häufigem Wenden scharf anbraten. Den Bratensatz mit 100 ml Orangensaft ablöschen und mit Salz und Pfeffer würzen. Den restlichen Essig hinzufügen und die Fleischstreifen etwa 15 Minuten köcheln lassen.

5 Inzwischen die Orangen so großzügig schälen, dass auch die weiße Haut mit entfernt wird. Die Fruchtfilets aus den Trennhäuten schneiden und in einer Pfanne in 2 EL Butter auf beiden Seiten kurz andünsten. Herausnehmen und warm halten. Den Zucker in der Pfanne schmelzen lassen und mit dem restlichen Orangensaft und dem Likör ablöschen. Die Sauce auf die Hälfte einköcheln lassen und mit der restlichen kalten Butter binden. Die Orangenfilets wieder hineingeben.

6 Die Entenbruststreifen auf Teller verteilen und mit der beiseitegestellten Balsamicosauce begießen. Die Kartoffelklößchen und die karamellisierten Orangen daneben anrichten.

Gebackene Wachteln

mit Apfel-Risotto

Zutaten für 4 Personen:

1 unbehandelte Zitrone
1 Schalotte
1 Knoblauchzehe
70 g weiche Butter
2 TL gehackter Rosmarin
Salz · Pfeffer aus der Mühle
4 Wachteln (küchenfertig)
8 Scheiben Parmaschinken
Olivenöl zum Bestreichen
2 Äpfel
ca. $1\frac{1}{2}$ l Gemüsebrühe
2 EL Olivenöl
350 g Risottoreis (z. B. Vialone)
5 EL trockener Weißwein
1 EL Worcestersauce
2 EL geriebener Parmesan
$\frac{1}{2}$ Bund Petersilie

1 Den Backofen auf 180 °C vorheizen. Die Zitrone heiß waschen und trocken reiben, die Schale mit einem scharfen Messer in dünnen Streifen abziehen und beiseitelegen. Die Zitrone halbieren und den Saft von einer Hälfte auspressen. Die Schalotte und den Knoblauch schälen und in feine Würfel schneiden. 3 EL Butter mit dem Rosmarin sowie den Schalotten- und Knoblauchwürfeln verrühren und die Kräuterbutter mit Salz und Pfeffer würzen.

2 Die Wachteln waschen, trocken tupfen und mit der Kräuterbutter füllen. Je 1 Wachtel mit 2 Scheiben Parmaschinken umwickeln. Die Wachteln auf ein Backblech legen, mit etwas Olivenöl bestreichen und im Ofen auf der mittleren Schiene 30 Minuten braten. Dabei gelegentlich mit dem Bratensaft beträufeln.

3 In einem Topf Wasser zum Kochen bringen. Die Äpfel schälen, vierteln und die Kerngehäuse entfernen. Das Fruchtfleisch in Würfel schneiden. Die Zitronenschalen und die Apfelwürfel ins kochende Wasser geben und 5 Minuten garen. In ein Sieb abgießen, die Zitronenschalen entfernen und die Äpfel mit Küchenpapier trocken tupfen. In einer Pfanne 2 EL Butter erhitzen und die Apfelwürfel darin unter häufigem Rühren 5 Minuten dünsten.

4 Die Brühe erhitzen. Das Olivenöl in einem Topf erhitzen und den Reis darin unter Rühren glasig dünsten. Mit dem Wein ablöschen und einköcheln lassen. Einen Schöpflöffel heiße Brühe zum Reis gießen und unter ständigem Rühren bei schwacher Hitze köcheln lassen, bis der Reis die Flüssigkeit aufgenommen hat. Immer wieder so viel heiße Brühe angießen, dass der Reis gerade bedeckt ist, und unter häufigem Rühren bei schwacher Hitze köcheln lassen. Den Vorgang so lange wiederholen, bis der Reis bissfest gegart ist.

5 Etwa 5 Minuten vor Ende der Garzeit die Worcestersauce, den geriebenen Parmesan, den Zitronensaft und die restliche Butter unter den Risotto rühren. Mit Salz und Pfeffer würzen. Zum Schluss die Apfelwürfel unterheben.

6 Die Petersilie waschen und trocken schütteln, die Blätter abzupfen und grob hacken. Die Wachteln mit dem Risotto anrichten und mit der Petersilie bestreuen.

Johann Lafer

Gebratener Fasan

auf Feigen-Sherry-Ragout und Selleriepüree

Zutaten für 4 Personen:
2 Fasane
(à ca. 800 g; küchenfertig)
3 Schalotten
3 Knoblauchzehen
2 EL Butterschmalz
2 Rosmarinzweige
6 Scheiben durchwachsener
Speck (mild geräuchert)
300 g Knollensellerie
300 g mehligkochende Kartoffeln
100 ml Milch
150 g Sahne
80 g Butter · Salz
frisch geriebene Muskatnuss
10 Feigen
20 g Ingwer
50 g Zucker
je 100 ml trockener Rotwein
und trockener Sherry
schwarze Pfeffermischung
aus der Mühle

1 Den Backofen auf 120 °C vorheizen. Die Fasane waschen, trocken tupfen und die Keulen abtrennen. 2 Schalotten und den Knoblauch schälen und halbieren. Das Butterschmalz in einer ofenfesten Pfanne erhitzen und die Keulen und Brüste darin rundum anbraten. Den Rosmarin waschen, trocken schütteln und mit den Speckscheiben und den halbierten Schalotten und Knoblauchzehen in die Pfanne geben. Die Fasane in der Pfanne im Ofen auf der mittleren Schiene 20 Minuten garen.

2 Den Sellerie putzen und schälen, die Kartoffeln schälen und waschen. Beides in grobe Würfel schneiden. Die Sellerie- und Kartoffelwürfel im Dampfgarer oder in einem Topf mit Dämpfeinsatz 12 bis 15 Minuten weich dämpfen. In einem zweiten Topf die Milch mit der Sahne und 50 g Butter zum Kochen bringen, die Gemüsewürfel hinzufügen und 3 bis 5 Minuten kochen lassen. Alles mit dem Stabmixer fein pürieren. Das Selleriepüree mit Salz und Muskatnuss würzen.

3 Die Feigen waschen und vierteln. Die restliche Schalotte und den Ingwer schälen und in feine Würfel schneiden. Die übrige Butter in einem Topf erhitzen, die Schalotte und den Ingwer darin andünsten. Den Zucker darüberstreuen und karamellisieren. Mit dem Wein und dem Sherry ablöschen. Die Feigen hinzufügen und bei schwacher Hitze sirupartig einkochen lassen. Mit etwas Salz und Pfeffermischung würzen.

4 Die Fasanenteile aus dem Ofen nehmen und mit Salz und Pfeffermischung würzen. Das Selleriepüree auf Teller geben, das Feigen-Sherry-Ragout rundherum verteilen und die Fasanenbrust darauf anrichten. Mit den geschmorten Speckscheiben und dem Rosmarin garnieren.

Hasenrücken

mit Äpfeln und Kartoffel-Maronen-Püree

Zutaten für 4 Personen:

50 g durchwachsener Speck (am Stück)
100 g Schalotten
je 2 Rosmarin- und Thymianzweige
2 Hasenrücken (à 600 g; küchenfertig)
Salz · Pfeffer aus der Mühle
2 EL Öl
1 EL Dijon-Senf
3 EL Butter
250 g weiße oder rosa Champignons
250 ml Cidre (franz. Apfelwein; ersatzweise deutscher Apfelwein)
4 große Äpfel (z. B. Boskop)
1 kg mehligkochende Kartoffeln
150 ml Milch
50 g Sahne
frisch geriebene Muskatnuss
150 g brauner Zucker
250 g geschälte Maronen (vakuumverpackt)
100 ml frisch gepresster Orangensaft
2 EL trockener Weißwein

1 Den Speck in feine Würfel schneiden. Die Schalotten schälen und ebenfalls in feine Würfel schneiden. Die Kräuter waschen und trocken schütteln, die Nadeln bzw. Blättchen abzupfen und grob hacken. Den Hasenrücken waschen, trocken tupfen und mit Salz und Pfeffer würzen. Das Öl in einem Bräter erhitzen und die Hasenrücken darin auf beiden Seiten scharf anbraten. Das Fleisch wieder herausnehmen und mit Senf bestreichen.

2 Die Kräuter mit dem Speck und den Schalotten im verbliebenen Bratfett andünsten. Das Fleisch wieder hinzufügen, 1 EL Butter dazugeben und zerlassen.

3 Die Champignons putzen, trocken abreiben und vierteln. Sobald die Schalotten goldbraun gedünstet sind, die Champignons zum Fleisch geben und mit dem Cidre ablöschen. Die Hasenrücken im Sud bei mittlerer Hitze zugedeckt 20 Minuten schmoren.

4 Die Äpfel schälen, vierteln und die Kerngehäuse entfernen. Die Apfelviertel nochmals halbieren. Nach der Garzeit zum Hasenrücken geben und weitere 6 Minuten schmoren.

5 Inzwischen die Kartoffeln schälen, waschen und in einem Topf in Salzwasser weich garen. Die Kartoffeln abgießen und sofort durch die Kartoffelpresse drücken oder mit dem Kartoffelstampfer zu Püree zerstampfen. Die Milch erhitzen und mit der Sahne und der übrigen Butter unter die Kartoffelmasse rühren, bis ein cremiges Püree entstanden ist. Mit Salz, Pfeffer und Muskatnuss würzen.

6 Den braunen Zucker in einer Pfanne schmelzen lassen und die Maronen darin kurz karamellisieren. Mit dem Orangensaft ablöschen und die Flüssigkeit fast vollständig einköcheln lassen. Von den karamellisierten Maronen ein Achtel herausnehmen, zerdrücken und unter das Kartoffelpüree heben. Das Püree warm stellen.

7 Die Hasenrücken aus dem Bräter nehmen, in Alufolie wickeln und ebenfalls warm stellen. Den Schmorsud im Bräter noch etwas einkochen lassen und mit dem Wein abschmecken. Die Hasenrücken vom Knochen lösen und auf Tellern auf den Pilzen und Äpfeln anrichten. Das Kartoffelpüree und die restlichen Maronen mit dem Karamell darauf verteilen und mit der Schmorsauce beträufeln.

Rehschnitzel

auf Holunder-Schwarzwurzeln

Zutaten für 4 Personen:

8 dünne Rehschnitzel
(à ca. 80 g; aus der Keule)
Öl für die Folie
Salz · Pfeffer aus der Mühle
60 g Mehl
40 g Macadamianüsse
40 g gemahlene Haselnüsse
40 g Semmelbrösel
50 g Sahne · 2 Eier
Butterschmalz zum Ausbacken
12 Schwarzwurzeln
200 ml Milch
2 Schalotten
1 Knoblauchzehe
2 EL Butter
je 70 ml Geflügelfond und
Holundersaft
1/2 Bund Petersilie
Chili aus der Gewürzmühle

1 Das Rehfleisch zwischen 2 Lagen geölter Frischhaltefolie dünn klopfen und mit Salz und Pfeffer würzen. Das Mehl in einen tiefen Teller geben. Die Macadamianüsse im Küchenmixer fein mahlen und mit den Haselnüssen und den Semmelbröseln in einem weiteren tiefen Teller mischen. Die Sahne steif schlagen. Die Eier in einem tiefen Teller verquirlen und 1 EL Sahne unterheben.

2 Die Rehschnitzel zuerst im Mehl wenden, dann durch die Eier-Sahne-Mischung ziehen und zuletzt mit der Nussmischung panieren. Das Butterschmalz in einer Pfanne erhitzen und die Rehschnitzel darin schwimmend auf beiden Seiten 1 bis 2 Minuten knusprig und goldbraun ausbacken. Auf Küchenpapier abtropfen lassen, salzen.

3 Die Schwarzwurzeln gründlich abbürsten, schälen, waschen und jeweils sofort in Milch einlegen, damit sie nicht braun werden. Die Wurzeln schräg in dünne Scheiben schneiden. Die Schalotten und den Knoblauch schälen und in feine Würfel schneiden. Die Butter in einer Pfanne erhitzen und Schalotten und Knoblauch darin andünsten. Die Schwarzwurzeln hinzufügen und mitdünsten. Fond und Holundersaft dazugießen und die Schwarzwurzeln darin etwa 5 Minuten bissfest garen. Den Sud dabei etwas einkochen lassen. Mit Salz, Pfeffer und etwas Chili aus der Mühle würzen. Die Petersilie waschen und trocken schütteln, die Blätter abzupfen und fein hacken. Unter die Schwarzwurzeln mischen und das Gemüse auf Teller verteilen. Je 2 Schnitzel darauf anrichten.

Strudel vom Damhirschrücken

mit Kohlrabi-Cranberry-Gemüse

Zutaten für 4 Personen:

2 Wacholderbeeren
1 TL schwarze Pfeffermischung
700 g Damhirschrücken (ausgelöst)
2 EL Butterschmalz
12 Scheiben Frühstücksspeck
110 g Butter
6 Strudelteigblätter (ca. 10 x 10 cm; aus dem Kühlregal)
3 Kohlrabi
5 Schalotten
3 cl roter Portwein
200 ml Gemüsefond
100 g Sahne
60 g getrocknete Cranberrys
Salz · Pfeffer aus der Mühle
Chili aus der Gewürzmühle
1 TL Speisestärke
2 EL gehackte Petersilie

1 Den Backofen auf 140 °C vorheizen. Ein Backblech mit Backpapier auslegen. Die Wacholderbeeren und die Pfeffermischung im Mörser zerstoßen. Den Hirschrücken waschen und trocken tupfen. Das Butterschmalz in einer Pfanne erhitzen und den Hirschrücken darin rundum anbraten. Dann mit der Gewürzmischung bestreuen.

2 Die Speckscheiben auf der Arbeitsfläche leicht überlappend nebeneinander auslegen und das angebratene Feisch darin einwickeln. In einem Topf 80 g Butter zerlassen. Die Strudelteigblätter dünn mit etwas zerlassener Butter bestreichen und aufeinanderlegen. Den Hirschrücken auf die Strudelblätter legen, einwickeln und rundum mit der restlichen zerlassenen Butter bestreichen. Den Damhirschstrudel auf das Blech legen und im Ofen auf der mittleren Schiene etwa 20 Minuten garen.

3 Die Kohlrabi putzen, schälen und in 1 cm große Würfel schneiden. Die Schalotten schälen und in feine Würfel schneiden. Die restliche Butter in einer Pfanne erhitzen und die Kohlrabi- und Schalottenwürfel darin andünsten. Mit dem Portwein ablöschen, den Fond und die Sahne dazugießen und die Kohlrabiwürfel darin 3 bis 5 Minuten bissfest garen.

4 Die Cranberrys dazugeben und alles mit Salz, Pfeffer und Chili aus der Mühle würzen. Die Speisestärke mit etwas kaltem Wasser glatt rühren und den Sud damit binden.

5 Die Petersilie unter das Gemüse rühren und das Kohlrabi-Cranberry-Gemüse auf Tellern anrichten. Den Strudel aus dem Ofen nehmen, in 8 Stücke schneiden und je 2 Stücke Strudel auf das Gemüse setzen.

Hirschrücken

im Speckmantel auf glasierten Steckrüben

Zutaten für 4 Personen:

1 TL schwarze Pfeffermischung
8 Wacholderbeeren
1 TL Rosmarinnadeln
4 Hirschrückenmedaillons (à 160 g)
2 EL Olivenöl
4 Scheiben Bauchspeck
2 EL Butterschmalz
Salz · Pfeffer aus der Mühle
200 ml trockener Rotwein
300 ml Wildfond
100 ml roter Portwein
60 g kalte Butter
400 g Steckrüben
50 g Orangenhonig
1 Vanilleschote
2 Sternanis
50 ml weißer Portwein
200 ml Geflügelfond
50 g Sahne
2 EL Schnittlauchröllchen

1 Den Backofen auf 120 °C vorheizen. Das Ofengitter auf die mittlere Schiene und darunter ein Abtropfblech schieben. Die Pfeffermischung und 4 Wacholderbeeren im Mörser zerstoßen. Die Rosmarinnadeln fein hacken. Die Hirschmedaillons waschen und trocken tupfen, mit den Gewürzen einreiben und mit dem Olivenöl beträufeln. Die Medaillons jeweils mit 1 Scheibe Speck umwickeln und mit Küchengarn fixieren.

2 Das Butterschmalz in einer Pfanne erhitzen und die Medaillons darin rundum anbraten. Mit Salz und Pfeffer würzen. Die Medaillons auf das Ofengitter setzen und im Ofen 10 bis 15 Minuten fertig garen.

3 Den Bratensatz in der Pfanne mit dem Rotwein, dem Wildfond und dem roten Portwein ablöschen. Die restlichen Wacholderbeeren dazugeben und alles bei mittlerer Hitze 10 Minuten köcheln lassen. Dann die Hälfte der kalten Butter in Würfeln unterrühren und die Sauce damit binden. Mit Salz und Pfeffer würzen.

4 Die Steckrüben schälen und in einer speziellen Kartoffel-Gemüse-Maschine zu langen Spaghetti drehen (oder mit einem Messer in sehr feine Streifen schneiden). Den Honig in einer Pfanne schmelzen und die Steckrübenspaghetti darin andünsten.

5 Die Vanilleschote der Länge nach aufschneiden und das Mark herauskratzen. Den Sternanis sowie Vanilleschote und -mark zum Gemüse geben und mit dem weißen Portwein ablöschen. Den Geflügelfond und die Sahne dazugießen und die Steckrüben bei mittlerer Hitze 5 Minuten weich garen. Mit Salz und Pfeffer würzen. Die Schnittlauchröllchen und die restliche kalte Butter unterrühren.

6 Die Medaillons aus dem Ofen nehmen und das Küchengarn entfernen. Die Steckrüben auf Tellern anrichten, je 1 Medaillon daraufsetzen und mit der Sauce beträufeln.

Desserts

Horst: Liebe Leser, wenn Sie auf den folgenden Seiten Dinge lesen wie Sabayon, Profiteroles oder Savarin, dann handelt es sich nicht um Fußballspieler der Nationalmannschaft von Französisch-Guayana, sondern um Nachtische von Johann Lafer.

Johann: Das musst du gerade sagen. Gratin, Parfait und Baiser sind ja wohl auch keine Kreisklassespieler aus der Steiermark.

Horst: Liebe Leser, was Sie vielleicht nicht wissen: Manni Tassenbuchtel und Johannis Gugelhupf waren aber wirklich Fußballer aus Österreich. Letzterer hat dann eine Frau Beer geheiratet und einen Doppelnamen angenommen.

since 1994
LAFER

Balsamico-Erdbeeren

mit Ziegenkäsecreme

Zutaten für 4 Personen:

250 g Sahne
½ Bund Minze
175 g Ziegenfrischkäse
50 g Zucker
250 g Erdbeeren
3 EL eingelegter grüner Pfeffer
2 EL alter Aceto balsamico

1 Die Sahne steif schlagen. Die Minze waschen und trocken schütteln, die Blätter abzupfen und – bis auf einige für die Deko – fein hacken. Beides mit dem Ziegenkäse und dem Zucker in einer Schüssel verrühren. Die Creme im Tiefkühlfach etwa 30 Minuten anfrieren lassen.

2 Die Erdbeeren waschen, putzen und halbieren. Mit dem grünen Pfeffer mischen und mit etwas Essig beträufeln.

3 Die Ziegenkäsecreme aus dem Tiefkühlfach nehmen und mit einem Esslöffel Nocken abstechen. Die Cremenocken mit den Balsamico-Erdbeeren auf Tellern anrichten, mit dem restlichen Essig beträufeln und mit den Minzeblättern garnieren.

Sommerfruchtsalat

mit Weinschaum

Zutaten für 4 Personen:

je 100 g Blau-, Him- und Erdbeeren
2 Pfirsiche
1 Birne
1 Apfel
½ Zitrone
80 g Zucker
3 Eigelb
125 ml trockener Weißwein

1 Die Blau- und Himbeeren verlesen, kurz abbrausen und trocken tupfen. Die Erdbeeren waschen, putzen und je nach Größe halbieren oder vierteln. Die Pfirsiche kreuzweise einritzen, überbrühen, kalt abschrecken und häuten. Die Pfirsiche halbieren und entsteinen. Die Birne und den Apfel schälen, vierteln und die Kerngehäuse entfernen. Pfirsichhälften, Birnen- und Apfelviertel in Würfel schneiden.

2 Die Zitronenhälfte auspressen. Das Obst in eine große Schüssel geben, mit dem Zitronensaft und 50 g Zucker vorsichtig mischen und im Kühlschrank etwas ziehen lassen.

3 Inzwischen die Eigelbe und den restlichen Zucker mit dem Schneebesen in einer Metallschüssel cremig schlagen. Die Schüssel auf das heiße Wasserbad stellen, den Wein dazugießen und die Creme schaumig schlagen. Achtung: Die Masse darf dabei nicht kochen! Anschließend die Schüssel in eiskaltes Wasser stellen und so lange rühren, bis der Weinschaum lauwarm ist.

4 Den Fruchtsalat in Schälchen oder auf Tellern anrichten und den Weinschaum darübergeben.

Mein Tipp

Von diesem Fruchtsalat gibt es natürlich auch eine Wintervariante: Dafür einfach die Beeren und die Pfirsiche durch Kapstachelbeeren, Ananas, Mango oder Orange ersetzen und den Salat mit 1 Prise Zimt und gerösteten Mandelblättchen servieren.

Rhabarbergelee

mit Erdbeer-Quark-Creme

Zutaten für 4 Personen:

600 g Rhabarber
2 Orangen
4 Blatt weiße Gelatine
1 Vanilleschote
50 g Zucker
200 ml trockener Weißwein
3 Eiweiß
50 g Akazienhonig mit Vanille (z. B. von Johann Lafer)
1 unbehandelte Limette
250 g Speisequark
2 EL Vanillezucker
500 g Erdbeeren
2 EL Puderzucker

1 Den Rhabarber putzen, schälen und in 2 cm lange Stücke schneiden. Die Orangen halbieren und auspressen. Die Gelatine in kaltem Wasser einweichen. Die Vanilleschote der Länge nach aufschneiden und das Mark herauskratzen.

2 Den Zucker mit dem Orangensaft, dem Wein und dem Vanillemark in einem Topf aufkochen. Die Rhabarberstücke hinzufügen und 2 Minuten kochen lassen. Den Topf vom Herd nehmen und die ausgedrückte Gelatine im heißen Sud auflösen. Den Sud und die Rhabarberstücke auf Dessertgläser verteilen und abkühlen lassen. In den Kühlschrank stellen und vollständig gelieren lassen.

3 Die Eiweiße zu einem steifen Schnee schlagen, dabei 2 EL Vanillehonig dazugeben. Die Limette heiß waschen, trocken reiben und die Schale mit dem Zestenreißer in feinen Streifen abziehen. Den Saft auspressen.

4 Den Quark mit dem restlichen Honig, dem Vanillezucker und den Limettenzesten sowie dem -saft verrühren und den Eischnee unterheben. Die Erdbeeren waschen und putzen. Die Hälfte der Beeren mit dem Puderzucker in einen hohen Rührbecher geben und mit dem Stabmixer fein pürieren. Die restlichen Erdbeeren halbieren und kreisförmig an den Glasrand auf das Rhabarbergelee legen. Die Quarkcreme und zuletzt das Erdbeerpüree darauf verteilen und nach Belieben mit Limettenzesten garnieren.

Mein Tipp

Für dieses Dessert verwenden Sie am besten Himbeerrhabarber – er schmeckt sehr fruchtig und aromatisch. Man erkennt diese Rhabarbersorte an seiner roten Schale und dem roten Fruchtfleisch.

Passionsfrucht-Panna-cotta

mit exotischem Obstsalat

Zutaten für 4 Personen:

1 Tahiti-Vanilleschote
7 Passionsfrüchte (Maracujas)
400 g Sahne
75 ml Milch
160 g weißer Zucker
4 Blatt weiße Gelatine
je 1 Baby-Ananas, Thai-Mango, Papaya, Sternfrucht, Kiwi und Orange
125 g Himbeeren
250 ml Passionsfruchtsaft (Maracujasaft)
2 TL Speisestärke
20 g brauner Zucker

1 Die Vanilleschote der Länge nach aufschneiden und das Mark herauskratzen. 4 Passionsfrüchte halbieren und das Fruchtfleisch mit einem Teelöffel herauskratzen, die Fruchthälften beiseitestellen. (Eventuell den Boden gerade abschneiden, sodass die Hälften sicher stehen.) Das Fruchtmark mit der Sahne, der Milch, der Vanilleschote und dem -mark sowie 60 g Zucker in einen Topf geben und bei mittlerer Hitze etwa 10 Minuten köcheln lassen. Inzwischen die Gelatine in kaltem Wasser einweichen.

2 Die Sahnemischung vom Herd nehmen. Die Gelatine ausdrücken, darin auflösen und die Mischung durch ein Sieb in eine Schüssel streichen. Auf eiskaltem Wasser auskühlen lassen, dabei gelegentlich umrühren. Sobald die Fruchtsahne zu gelieren beginnt, in die Passionsfruchthälften füllen und im Kühlschrank etwa $1\,^1/_2$ Stunden fest werden lassen.

3 Die Baby-Ananas putzen, schälen, vierteln und das Fruchtfleisch in Rauten schneiden. Von der Mango das Fruchtfleisch in breiten Streifen vom Stein schneiden, schälen und ebenfalls in Rauten schneiden. Die Papaya halbieren, entkernen und die Hälften schälen. Die Sternfrucht waschen, die Kiwi schälen. Alles in kleine Rauten schneiden. Die Orange so großzügig schälen, dass auch die weiße Haut mit entfernt wird, und die Fruchtfilets aus den Trennhäuten schneiden. Die Himbeeren verlesen, kurz abbrausen und trocken tupfen. Alle Obstsorten vorsichtig in einer Schüssel mischen.

4 Den übrigen Zucker in einem Topf karamellisieren. Mit dem Passionsfruchtsaft ablöschen und zum Kochen bringen. Die restlichen 3 Passionsfrüchte halbieren, das Fruchtfleisch mit einem Löffel herauslösen, zur kochenden Saftmischung geben und einige Minuten weiterkochen lassen. Die Speisestärke mit etwas kaltem Wasser glatt rühren und die Sauce damit binden. Etwas abkühlen lassen und die Sauce über die Früchte geben.

5 Die Panna cotta mit dem braunen Zucker bestreuen und mit dem Flambierbrenner goldbraun karamellisieren. Den Obstsalat und die Passionsfrucht-Panna-cotta auf Desserttellern anrichten und nach Belieben mit Minze und Kokosflocken garnieren.

Hamburger Rote Grütze

mit Holunderblüten-Rahm-Eis

Zutaten für 4 Personen:

1 unbehandelte Zitrone
2 Tahiti-Vanilleschoten
500 g Crème fraîche
200 ml Holunderblütensirup
50 g Sahne
2 EL Vanillezucker
2 Blatt weiße Gelatine
1 unbehandelte Orange
3 EL Honig
1 Zimtstange
Nelkenpulver
200 ml trockener Rotwein
200 ml Schwarzer Johannisbeersaft (Direktsaft)
2 EL Speisestärke
500 g gemischte Beeren (Erd-, Him-, Brom-, Johannis-, Heidelbeeren)
10 Minzeblätter

1 Die Zitrone heiß waschen, trocken reiben und die Schale fein abreiben. Den Saft auspressen. Eine Vanilleschote der Länge nach aufschneiden und das Mark herauskratzen. Crème fraîche, Sirup, Sahne, Zitronenschale und -saft sowie Vanillemark und Vanillezucker in einen Topf geben und leicht erwärmen.

2 Die Gelatine in kaltem Wasser einweichen. Die Holunder-Rahm-Mischung durch ein feines Sieb gießen, die Gelatine ausdrücken und in der noch warmen Creme auflösen. Die Masse abkühlen und in der Eismaschine cremig gefrieren lassen.

3 Die restliche Vanilleschote der Länge nach aufschneiden und das Mark herauskratzen. Die Orange heiß waschen, trocken reiben und die Schale fein abreiben. Den Saft auspressen. Den Honig in einer Pfanne schmelzen. Das Vanillemark mit der Orangenschale und dem -saft sowie der Zimtstange und 1 Prise Nelkenpulver hinzufügen. Den Wein und den Johannisbeersaft dazugießen und alles 5 Minuten köcheln lassen.

4 Die Speisestärke mit etwas kaltem Wasser glatt rühren und den Sud damit leicht binden. Die Erdbeeren waschen und putzen, die restlichen Beeren verlesen und kalt abbrausen. Alle Beeren vorsichtig unter den noch warmen Sud rühren und abkühlen lassen.

5 Die Minzeblätter waschen und trocken tupfen, in feine Streifen schneiden und unter die Grütze rühren. Die Rote Grütze auf Schälchen verteilen und je 1 Kugel Holunderblüten-Rahm-Eis daraufgeben.

Marinierte Mango

mit Krokant-Parfait

Zutaten für 4 Personen:

Öl für das Blech
125 g Mandeln (ohne Haut)
60 g kalte Butter
160 g Zucker
1 Bund Zitronenmelisse
150 ml frisch gepresster Orangensaft
4 Eigelb
1 Ei
5 cl weißer Rum
300 g Sahne
2 kleine Mangos
6 cl Bitterorangenlikör

1 Ein Backblech einfetten. Die Mandeln fein hacken. Die Hälfte der Butter in einer Pfanne erhitzen, 50 g Zucker hinzufügen und unter Rühren leicht braun werden lassen. Die gehackten Mandeln dazugeben und unter Rühren so lange erhitzen, bis der Krokant braun geworden ist. Die Krokantmasse auf das Blech gießen, auskühlen lassen und den Krokant zerstoßen.

2 Die Zitronenmelisse waschen und trocken schütteln, 2 Stiele für die Deko beiseitelegen, von den restlichen Stielen die Blätter abzupfen. 50 ml Saft mit den Melisseblättern in einem Topf zum Kochen bringen. Den Orangen-Melisse-Sud vom Herd nehmen und abkühlen lassen.

3 Den Sud durch ein Sieb in eine Metallschüssel gießen. Die Eigelbe, das Ei, den Rum und 50 g Zucker hinzufügen und alles mit dem Schneebesen verrühren. Anschließend die Masse über dem heißen Wasserbad schaumig schlagen. Vom Wasserbad nehmen und kalt schlagen.

4 Die Sahne steif schlagen und unter die Eigelbcreme ziehen. Zum Schluss den Krokant unterheben und die Masse in der Eismaschine cremig gefrieren lassen.

5 Inzwischen von den Mangos das Fruchtfleisch in breiten Streifen vom Stein schneiden, schälen und in Spalten schneiden. Den restlichen Zucker in einer Pfanne karamellisieren. Mit dem Likör ablöschen und den übrigen Orangensaft dazugießen. Die restliche kalte Butter in Würfel schneiden und unterrühren, die Mangospalten hinzufügen und einmal kurz durchschwenken.

6 Die Mangos mit dem Krokant-Parfait anrichten und mit der beiseitegelegten Zitronenmelisse garnieren.

Basilikum-Tiramisu

mit Erdbeeren

Zutaten für 4 Personen:

5 Eier
50 g Zucker
Salz
15 g Mehl
20 g Kakaopulver
15 g Speisestärke
Puderzucker zum Bestäuben
150 g Mascarpone
150 g Magerquark
1 Bund Basilikum
100 g Puderzucker
80 ml Öl
1 unbehandelte Limette
500 g Erdbeeren
50 ml kalter Espresso

1 Den Backofen auf 200 °C vorheizen. Ein Backblech etwa bis zur Hälfte mit Backpapier auslegen. Ein breites Stück Alufolie zur Hälfte unter das Backpapier schieben, die restliche Folie zusammenfalten und zu einem Rand nach oben biegen, sodass der später eingefüllte Teig nicht auslaufen kann. 2 Eier trennen und die Eigelbe mit 10 g Zucker in einer Schüssel schaumig schlagen. Die Eiweiße mit 10 g Zucker und 1 Prise Salz zu einem steifen Schnee schlagen. Das Mehl, das Kakaopulver und die Speisestärke mischen und auf die Eigelbmasse sieben. Ein Drittel des Eischnees daraufgeben und unterrühren, den restlichen Eischnee vorsichtig unterheben.

2 Die Biskuitmasse etwa 2 cm dick auf das vorbereitete Blech streichen und im Ofen auf der mittleren Schiene etwa 10 Minuten backen. Den Biskuit herausnehmen und auf ein mit Puderzucker bestäubtes Küchentuch stürzen, sodass das Backpapier oben ist. Den Biskuit auskühlen lassen.

3 Den Mascarpone mit dem Quark in einer Schüssel glatt rühren. Das Basilikum waschen, trocken schütteln und die Blätter abzupfen. Die Basilikumblätter mit der Hälfte des Puderzuckers und dem Öl im Küchenmixer fein pürieren. Die Limette heiß waschen, trocken reiben und die Schale fein abreiben. Den Saft auspressen. Zwei Drittel des Basilikumöls mit der Limettenschale und dem -saft unter die Mascarpone-Quark-Masse rühren.

4 Die restlichen Eier trennen, die Eigelbe anderweitig verwenden. Die Eiweiße mit 1 Prise Salz steif schlagen, dabei den restlichen Zucker einrieseln lassen. Den Eischnee unter die Basilikumcreme heben. Die Erdbeeren waschen, putzen und vierteln. Mit dem restlichen Puderzucker bestäuben und mischen.

5 Das Backpapier vorsichtig von dem Biskuit abziehen und aus dem Biskuit 8 Kreise in der Größe der Dessertgläser ausstechen. Je 1 Biskuitkreis in ein Glas legen, mit etwas Espresso beträufeln, mit Basilikumcreme bedecken und einige Erdbeerviertel daraufgeben. Nochmals einen Biskuitboden darauflegen, mit Espresso beträufeln, mit Creme bedecken und als letzte Schicht Erdbeeren darauf anrichten. Mit dem restlichen Basilikumöl beträufeln.

Aprikosen-Amarettini-Tiramisu

mit gerösteten Macadamianüssen

Zutaten für 4 Personen:

1 Vanilleschote
1 unbehandelte Zitrone
100 g Zucker
2 Sternanis
100 ml trockener Weißwein
150 ml Aprikosensaft
300 g Aprikosen
50 g Macadamianüsse
2 Eier
Salz
250 g Mascarpone
Zimtpulver
100 ml kalter Espresso
2 cl Amaretto
(ital. Mandellikör)
200 g Amarettini
(ital. Mandelkekse)

1 Die Vanilleschote der Länge nach aufschneiden und das Mark herauskratzen. Die Zitrone heiß waschen, trocken reiben und die Schale fein abreiben. Den Saft auspressen. In einer Pfanne die Hälfte des Zuckers goldbraun karamellisieren. Das Vanillemark, den Sternanis und die Zitronenschale hinzufügen. Mit dem Wein und dem Aprikosensaft ablöschen und sirupartig einkochen lassen.

2 Inzwischen die Aprikosen waschen, halbieren und entsteinen. Die Aprikosenhälften in den Gewürzsud geben und darin 3 Minuten weich garen. Den Sud mit den Aprikosen zum Abkühlen in eine Schüssel füllen. Die Macadamianüsse hacken und in einer Pfanne ohne Fett goldbraun rösten.

3 Die Eier trennen. Die Eiweiße mit 1 Prise Salz zu einem steifen Schnee schlagen. Die Eigelbe mit dem restlichen Zucker in einer Schüssel dickschaumig schlagen. Den Mascarpone unterrühren und die Creme mit dem Zitronensaft und 1 Prise Zimt abschmecken. Zuletzt nach und nach den Eischnee vorsichtig unterheben.

4 Den Espresso mit dem Amaretto mischen. Die Amarettini abwechselnd mit den Aprikosen und der Mascarponecreme in Gläser schichten, die Amarettini dabei jeweils mit der Kaffeemischung tränken. Mit den gerösteten Macadamianüssen bestreuen.

Mein Tipp

Dieses Dessert passt auch sehr gut in die Weihnachtszeit. Dann einfach die frischen durch aufgetaute tiefgekühlte Aprikosen oder eingelegte Aprikosen aus der Dose ersetzen.

Quark-Gratin

mit gemischten Beeren

Zutaten für 4 Personen:

1 Vanilleschote
300 g gemischte Beeren (z. B. Erd-, Him- und Heidelbeeren)
125 ml roter Fruchtsaft (z. B. Johannisbeersaft)
4 cl Amaretto (ital. Mandellikör)
1 Spritzer Zitronensaft
1 geh. EL Speisestärke
250 g Speisequark
1 Päckchen Vanillezucker
2 Eiweiß · Salz
30 g Puderzucker
Butter für die Formen

1 Die Vanilleschote der Länge nach aufschneiden und das Mark mit einem spitzen Messer herauskratzen. Die Erdbeeren waschen und putzen. Die restlichen Beeren verlesen, kalt abbrausen und trocken tupfen.

2 Den Fruchtsaft mit dem Likör und dem Vanillemark in einem Topf aufkochen lassen, den Zitronensaft hinzufügen. Die Speisestärke mit 2 EL kaltem Wasser glatt rühren und den Sud damit binden. Die Mischung etwa 2 Minuten köcheln lassen und vom Herd nehmen. Die Beeren hinzufügen und vorsichtig untermischen.

3 Den Quark mit dem Vanillezucker in einer Schüssel glatt rühren. Die Eiweiße mit 1 Prise Salz zu einem steifen Schnee schlagen, dabei nach und nach den Puderzucker einrieseln lassen. Den Eischnee unter die Quarkmasse heben. Den Backofen auf 200 °C vorheizen.

4 Vier ofenfeste Formen einfetten. Die Beeren darin verteilen und die Quarkmasse locker daraufstreichen. Die Quark-Gratins im Ofen auf der mittleren Schiene 8 bis 10 Minuten goldbraun überbacken. Aus dem Ofen nehmen, nach Belieben mit Amarettinis garnieren und warm oder kalt servieren.

Äpfel in Karamell

mit Mandelbaiser

Zutaten für 4 Personen:

1 unbehandelte Zitrone
4 Äpfel (ca. 300 g)
1/2 Vanilleschote
2 EL brauner Zucker
100 ml Cidre (franz. Apfelwein)
2 cl Calvados
(franz. Apfelbranntwein)
2 Eiweiß
1 EL weißer Zucker
einige Tropfen Rumaroma
2 EL Mandelblättchen
Butter für die Form
2 cl Eierlikör

1 Die Zitrone heiß waschen, trocken reiben und die Schale fein abreiben. Den Saft auspressen. Die Äpfel schälen und die Kerngehäuse mit einem Apfelausstecher entfernen. Die Äpfel in Ringe schneiden und mit dem Zitronensaft beträufeln.

2 Die Vanilleschote der Länge nach aufschneiden und das Mark herauskratzen. Den braunen Zucker in einer Pfanne karamellisieren. Mit Cidre und Calvados unter kräftigem Rühren ablöschen, das Vanillemark hinzufügen und 2 Minuten köcheln lassen. Die Apfelringe und die Zitronenschale dazugeben und 2 Minuten dünsten.

3 Den Backofen auf 200 °C (Umluft) vorheizen. Die Eiweiße zu einem steifen Schnee schlagen, dabei den weißen Zucker einrieseln lassen und einige Tropfen Rumaroma hinzufügen. Die Mandelblättchen in einer Pfanne ohne Fett goldbraun rösten und zuletzt vorsichtig unter den Eischnee heben.

4 Eine ofenfeste Form einfetten und die Apfelringe mit der Karamellsauce darin verteilen. Den Eischnee darübergeben und im Ofen auf der mittleren Schiene 5 Minuten goldbraun überbacken. Das Mandelbaiser mit den Äpfeln und dem Karamell auf Desserttellern anrichten und mit dem Eierlikör beträufeln.

Mein Tipp

Und dazu eine Vanillesauce: 2 Eigelb mit 100 g Zucker schaumig schlagen. 250 ml Milch mit 1 gestr. TL Speisestärke erhitzen und unter Rühren die Eigelbmasse und das Mark von 1/2 Vanilleschote hinzufügen. Kurz aufkochen und abkühlen lassen.

Pekannuss-Havannas

mit Apfel-Sorbet und Weißwein-Sabayon

Zutaten für 4 Personen:

Für das Sorbet und das Sabayon:

1 Vanilleschote
5 EL brauner Zucker
2 Zimtstangen
abgeriebene Schale von 1/2 unbehandelten Zitrone
8 Äpfel
2 Blatt weiße Gelatine
300 ml Apfelsaft
3 cl Calvados (franz. Apfelbranntwein)
4 Eigelb
4 EL weißer Zucker
150 ml trockener Weißwein

Für die Havannas:

150 g Pekannüsse
80 g Toastbrot (ohne Rinde)
3 EL weiche Butter
80 g Puderzucker
3 Eigelb
abgeriebene Schale von 1/2 unbehandelten Zitrone
2 cl Amaretto (ital. Mandellikör)
8 Blätter Frühlingsrollenteig (aus dem Kühlregal)
150 g Butterschmalz
Puderzucker zum Bestäuben

1 Für das Sorbet die Vanilleschote der Länge nach aufschneiden und das Mark herauskratzen. In einem Topf 100 ml Wasser mit dem braunen Zucker, den Zimtstangen, dem Vanillemark und der Zitronenschale aufkochen. Den Sirup 10 Minuten ziehen lassen und die ganzen Gewürze wieder entfernen.

2 Die Äpfel schälen, vierteln und die Kerngehäuse entfernen, die Apfelviertel in grobe Würfel schneiden. Die Gelatine in kaltem Wasser einweichen. Die Apfelwürfel, den Gewürzsirup, den Apfelsaft und den Calvados im Küchenmixer fein pürieren. Die Gelatine ausdrücken, in etwas warmen Wasser auflösen und unter das Apfelpüree mischen. Die Masse in der Eismaschine cremig gefrieren lassen.

3 Für die Havannas die Pekannüsse und das Toastbrot im Blitzhacker fein mahlen und in eine Schüssel geben. Die Butter mit dem Puderzucker, 2 Eigelb, der Zitronenschale und dem Amaretto hinzufügen und alles gut verrühren. Die Nussmasse in einen Spritzbeutel füllen.

4 Das restliche Eigelb verquirlen. Die Frühlingsrollen-Teigblätter auf der Arbeitsfläche auslegen und die Ränder mit Eigelb bestreichen. Jeweils am unteren Ende der Länge nach einen Strang Nussmasse auf den Teig spritzen. Die Teigblätter zu Zigarren aufrollen und die Enden gut festdrücken. Das Butterschmalz in einem Topf erhitzen und die Zigarren darin rundum goldbraun ausbacken. Mit dem Schaumlöffel herausheben und auf Küchenpapier abtropfen lassen.

5 Für das Sabayon die Eigelbe mit dem weißen Zucker und dem Wein in einer Metallschüssel über dem heißen Wasserbad schaumig aufschlagen.

6 Die Pekannuss-Havannas mit Puderzucker bestäuben und mit dem Apfel-Sorbet und dem Weißwein-Sabayon servieren.

Apfelpfannkuchen
mit Walnusseis

Zutaten für 4 Personen:
125 g Sahne
300 ml Milch
2 Eigelb
3 Eier
70 g Honig
110 g Zucker
2 cl Amaretto (ital. Mandellikör)
80 g Walnüsse
1/2 Vanilleschote
90 g Mehl
2 große Äpfel
1–2 TL Öl

1 Für das Eis die Sahne und 125 ml Milch in einem Topf aufkochen. Die Eigelbe mit 2 Eiern, dem Honig und 70 g Zucker in einem zweiten Topf cremig, aber nicht schaumig rühren. Die heiße Sahnemischung unter Rühren zur Eiermasse gießen. Nochmals kurz auf dem Herd erhitzen und aufschlagen, die Masse dabei aber nicht mehr kochen lassen! Den Amaretto unterrühren, alles durch ein Sieb gießen und vollständig auskühlen lassen.

2 Die Walnüsse grob hacken und in einer Pfanne ohne Fett anrösten. Vom Herd nehmen, die Nüsse mit 20 g Zucker bestreuen und gut durchschwenken, bis die Nüsse abgekühlt sind. Die Masse in der Eismaschine halbfest gefrieren lassen. Dann die gerösteten Nüsse hinzufügen und das Eis fertig gefrieren lassen.

3 Den Backofen auf 120 °C vorheizen. Die Vanilleschote der Länge nach aufschneiden und das Mark herauskratzen. Die restliche Milch mit dem Mehl und dem übrigen Ei verrühren, das Vanillemark unterrühren. Die Äpfel schälen, mit dem Apfelausstecher die Kerngehäuse entfernen und das Fruchtfleisch in Ringe schneiden.

4 Das Öl in einer Pfanne erhitzen und aus dem Teig nach und nach 4 dünne Pfannkuchen backen. Die Pfannkuchen auf ein Backblech legen. Jeweils mit Apfelringen belegen, mit etwas Zucker bestreuen und unter dem Backofengrill auf der mittleren Schiene karamellisieren. Die Apfelpfannkuchen mit je 1 Kugel Walnusseis servieren.

Mein Tipp

Wer keine Eismaschine hat, der kann natürlich auch auf Walnusseis aus dem Supermarkt oder aus der Eisdiele um die Ecke ausweichen.

Kaffee-Profiteroles

mit Passionsfruchtsahne

Zutaten für 4 Personen:

- 125 ml Milch
- 70 g Butter
- 1 TL Zucker
- 1 TL Vanillezucker
- Salz
- 100 g Mehl
- 1 EL Instant-Kaffeepulver
- 3 Eier
- 4 Passionsfrüchte (Maracujas)
- 150 g Sahne
- 1 EL Gelierzucker
- Puderzucker zum Bestäuben

1 Den Backofen auf 200 °C vorheizen. Ein Backblech mit Backpapier auslegen. Die Milch mit der Butter, dem Zucker sowie dem Vanillezucker und 1 Prise Salz in einem Topf aufkochen. Das Mehl und das Kaffeepulver unter ständigem Rühren hinzufügen und die Hitze reduzieren. Die Masse so lange unter Rühren »abbrennen«, bis sich am Topfboden ein weißer Belag bildet. Die Brandmasse etwas abkühlen lassen. Anschließend die Eier einzeln unterrühren, bis sie vollständig von der Masse aufgenommen sind.

2 Von dem Brandteig mit einem Teelöffel kleine Portionen abstechen und auf das Blech setzen. Die Profiteroles im Ofen auf der mittleren Schiene etwa 17 Minuten backen. Herausnehmen, abkühlen lassen und jeweils quer halbieren.

3 Die Passionsfrüchte halbieren und das Fruchtfleisch mit einem Löffel herauslösen. Die Sahne mit dem Gelierzucker steif schlagen, in einen Spritzbeutel füllen und auf jeden Profiterole-Boden einen Kreis spritzen. In die Mitte jeweils 1 TL Passionsfruchtmark geben und die »Deckel« daraufsetzen. Die Profiteroles auf Tellern anrichten, mit Puderzucker bestäuben und mit dem restlichen Passionsfruchtmark garnieren.

Mein Tipp

Die Profiteroles lassen sich sehr gut einfrieren. Backen Sie am besten gleich die doppelte Menge, dann haben Sie immer einen Vorrat im Haus, wenn überraschend Gäste kommen.

Biskuit-Omeletts

mit Himbeereis

Zutaten für 4 Personen:
500 ml Milch
50 g Sahne
220 g Zucker
50 g Crème fraîche
500 g Himbeeren
1 unbehandelte Zitrone
2 EL Puderzucker
4 Eier
1 Päckchen Vanillezucker
Salz
100 g Mehl
4 EL Butter
einige Minzeblätter

1 Die Milch mit der Sahne und 120 g Zucker in einem Topf aufkochen. Die Mischung etwas abkühlen lassen, dann die Crème fraîche unterrühren. Die Himbeeren verlesen, kalt abbrausen und trocken tupfen. 300 g Beeren in eine Schüssel geben. Die abgekühlte Sahnemischung hinzufügen und alles mit dem Stabmixer pürieren. Die Himbeermasse in der Eismaschine cremig gefrieren lassen.

2 Die Zitrone heiß waschen, trocken reiben und die Schale fein abreiben. 2 EL Saft auspressen. Von den übrigen Himbeeren 50 g für die Deko beiseitestellen, die restlichen Beeren mit dem Stabmixer pürieren und durch ein Sieb streichen. Das Himbeerpüree mit 1 EL Puderzucker und dem Zitronensaft abschmecken.

3 Den Backofen auf 190 °C vorheizen. Die Eier trennen. Die Eigelbe mit 40 g Zucker, dem Vanillezucker, etwas Zitronenschale und 1 Prise Salz schaumig schlagen. Das Mehl unterrühren. Die Eiweiße zu einem steifen Schnee schlagen, dabei den restlichen Zucker einrieseln lassen. Den Eischnee vorsichtig unter die Eigelbmasse heben.

4 Jeweils 1 EL Butter in zwei ofenfesten Pfannen erhitzen, je ein Viertel der Biskuitmasse hineingießen und im Ofen auf der mittleren Schiene etwa 6 Minuten zu Omeletts backen. Mit der restlichen Biskuitmasse ebenso verfahren.

5 Die Omeletts aus dem Ofen nehmen, auf Teller stürzen, zusammenklappen und leicht mit dem restlichen Puderzucker bestäuben. Die Biskuit-Omeletts mit dem Himbeereis und -püree anrichten. Mit Minze und den restlichen Himbeeren garnieren.

Mein Tipp

Das Omelett schmeckt natürlich auch mit Erdbeereis und -püree sehr gut! Oder Sie servieren das Dessert einfach nur mit Schoko-Haselnuss-Creme gefüllt.

Süße Cannelloni

mit Holunder-Limetten-Sorbet

Zutaten für 4–6 Personen:

120 g Mehl
250 ml Milch
60 g Sahne
1 Ei
2 Eigelb
20 g zerlassene Butter
Salz
3 EL Butterschmalz
205 g Zucker
50 g gemischte Nüsse (z. B. Hasel-, Pekan-, Wal-, Paranüsse)
1 Tahiti-Vanilleschote
4 unbehandelte Limetten
300 g Schichtkäse
200 g Mascarpone
1 Blatt weiße Gelatine
200 ml trockener Weißwein
200 ml Holunderblütensirup
200 ml ungesüßte Kokosmilch
100 g Bitterschokolade (70 % Kakaogehalt)

1 Das Mehl mit der Milch, der Sahne, dem Ei, den Eigelben, der zerlassenen Butter und 1 Prise Salz in einer Schüssel zu einem glatten Teig verrühren. Den Teig zugedeckt 15 Minuten quellen lassen. Das Butterschmalz portionsweise in einer Pfanne erhitzen und aus dem Teig nach und nach 6 dünne Crêpes backen. Die Crêpes auskühlen lassen.

2 In einer weiteren Pfanne 50 g Zucker karamellisieren. Die Nüsse hacken und unter den Karamell rühren. Die Masse auf Backpapier verteilen und abkühlen lassen. Anschließend in der Küchenmaschine oder im Blitzhacker fein mahlen.

3 Die Vanilleschote der Länge nach aufschneiden und das Mark herauskratzen. Die Limetten heiß waschen und trocken reiben. Von 2 Limetten die Schale fein abreiben und den Saft auspressen. Den Schichtkäse und den Mascarpone in einer Schüssel verrühren. Die Limettenschale und den -saft, das Vanillemark, 75 g Zucker sowie den Nusskaramell untermischen. Die Mascarpone-Nuss-Creme in einen Spritzbeutel mit großer Lochtülle füllen und kühl stellen.

4 Die Gelatine in kaltem Wasser einweichen. Von den restlichen Limetten die Schale mit dem Zestenreißer in feinen Streifen abziehen und den Saft auspressen. In einem Topf 50 ml Wein mit dem übrigen Zucker aufkochen und die Limettenzesten darin 3 Minuten köcheln lassen. Den Sud etwas abkühlen lassen, die Gelatine gut ausdrücken und darin auflösen. Den restlichen Wein, den Sirup und den Limettensaft untermischen und die Holunder-Limetten-Mischung in der Eismaschine cremig gefrieren lassen.

5 Die Kokosmilch in einem Topf erwärmen. Die Schokolade fein hacken und in der warmen Kokosmilch schmelzen. Die Kokos-Schokoladen-Sauce abkühlen lassen.

6 Auf jede Crêpe mittig einen Strang Mascarpone-Nuss-Creme spritzen und die Crêpes zu Cannelloni aufrollen. Die Cannelloni halbieren und auf Tellern anrichten. Mit der Kokos-Schokoladen-Sauce beträufeln und je 1 Kugel Holunder-Limetten-Sorbet dazu servieren. Nach Belieben mit Minzeblättern garnieren.

Mohnhopser

mit Rotweinbirnen und Portweinsahne

Zutaten für 4 Personen:

Butter und Zucker für die Formen
2 Eier
90 g Zucker
1 Vanilleschote
120 g Sahnequark
40 g Mohnsamen
1 Msp. Zimtpulver
500 ml trockener Rotwein
1 Zimtstange
1 Sternanis
4 Birnen
150 g Sahne
1 Päckchen Vanillezucker
2 cl roter Portwein

1 Den Backofen auf 190 °C (Umluft) vorheizen. Vier Souffléförmchen einfetten und mit Zucker ausstreuen. Die Eier trennen. Die Eiweiße zu einem steifen Schnee schlagen, dabei 40 g Zucker einrieseln lassen. Die Vanilleschote der Länge nach aufschneiden und das Mark herauskratzen. Den Quark mit den Eigelben, dem Mohn, dem Zimtpulver und dem Vanillemark in einer Schüssel cremig schlagen. Den Eischnee vorsichtig unterheben und die Soufflémasse etwa drei Viertel hoch in die Förmchen füllen.

2 Die Förmchen in einem tiefen Backblech auf die mittlere Schiene in den Ofen schieben. Das Blech mit heißem Wasser füllen und die Soufflés im Wasserbad etwa 25 Minuten garen. Während der Garzeit die Backofentür nicht öffnen!

3 Inzwischen den Rotwein mit dem restlichen Zucker, der Zimtstange und dem Sternanis in einer tiefen Pfanne zum Kochen bringen und 10 Minuten köcheln lassen. Die Birnen schälen, halbieren und die Kerngehäuse entfernen. Die Birnenhälften in den Weinsud geben und darin bei mittlerer Hitze 10 bis 15 Minuten garen. Die Birnen dabei gelegentlich wenden.

4 Die Rotweinbirnen aus der Pfanne nehmen und den Weinsud sirupartig einköcheln lassen. Die Sahne mit dem Vanillezucker steif schlagen, zuletzt den Portwein dazugießen. Die Soufflés aus dem Ofen nehmen, leicht auf die Förmchen klopfen und mit einem Messer vorsichtig am Rand entlangfahren. Die Soufflés auf Teller stürzen, die Rotweinbirnen mit dem Sirup und der Portweinsahne daneben anrichten.

Nashi-Birne

mit Zimtcreme

Zutaten für 4 Personen:
2 Nashi-Birnen
(jap. Birnensorte)
1 Vanilleschote
200 ml trockener Weißwein
1 Zimtstange
160 g Sahne
250 g Mascarpone
5 EL Puderzucker
8 cl Eierlikör
1 TL Zimtpulver
20 Amarettini
(ital. Mandelkekse)

1 Die Birnen schälen, vierteln und die Kerngehäuse entfernen. Die Birnenviertel in Spalten schneiden. Die Vanilleschote der Länge nach aufschneiden und das Mark herauskratzen. Die Birnenspalten mit dem Wein, der Zimtstange und dem Vanillemark in einem Topf zum Kochen bringen und zugedeckt etwa 4 Minuten kochen lassen – die Früchte sollten dabei bissfest bleiben.

2 Die Birnen aus dem Sud nehmen. Den Weinsud durch ein Sieb in einen Topf gießen und bei starker Hitze einkochen lassen, nach Belieben mit etwa 3 EL Calvados abschmecken. Die Birnenspalten wieder in den Sud legen und etwas abkühlen lassen.

3 Die Sahne steif schlagen. Den Mascarpone mit dem Puderzucker, dem Eierlikör und dem Zimtpulver in einer Schüssel verrühren. Die Sahne unterheben.

4 Acht Amarettini beiseitelegen, den Rest zerbröseln und auf Dessertgläser verteilen. Die Nashi-Birnen mit dem Weinsud darübergeben und die Zimtcreme daraufsetzen. Das Dessert kühl stellen und zum Servieren mit den beiseitegelegten Amarettini garnieren.

Mandelpudding
mit gebrannten Mandeln

Zutaten für 4 Personen:

Für die Sauce:
- 250 ml Milch
- 1 Eigelb
- 40 g Zucker
- 1 EL Mehl
- 80 ml Eierlikör

Für den Pudding:
- 100 g weiche Butter
- 110 g Zucker
- 5 Eigelb
- 6 Eiweiß · Salz
- 50 g Löffelbiskuits
- 1 unbehandelte Zitrone
- 1 Vanilleschote
- 50 g Mehl
- 100 g gemahlene Mandeln
- 80 ml Eierlikör
- Butter für die Form

Für die Mandeln:
- 125 g Zucker
- 2 EL Vanillezucker
- 1 TL Zimtpulver
- 200 g Mandeln (mit Haut)

1 Für die Sauce die Milch mit dem Eigelb, dem Zucker, dem Mehl und dem Eierlikör gut verrühren und beiseitestellen.

2 Für den Pudding die Butter mit 50 g Zucker und den Eigelben in einer Schüssel schaumig schlagen. Die Eiweiße mit 1 Prise Salz zu einem steifen Schnee schlagen, dabei 60 g Zucker einrieseln lassen. Die Löffelbiskuits in einen Gefrierbeutel geben, den Beutel verschließen und die Biskuits mit dem Nudelholz zu Bröseln zermahlen. Die Zitrone heiß waschen, trocken reiben und die Schale fein abreiben. Die Vanilleschote der Länge nach aufschneiden und das Mark herauskratzen. Das Mehl sieben.

3 Nach und nach den Eischnee, die gemahlenen Mandeln, das Vanillemark, die Biskuitbrösel, das Mehl, die Zitronenschale und den Eierlikör unter die Eigelbmasse heben. Dann die Puddingmasse kurz ziehen lassen.

4 Inzwischen den Backofen auf 200 °C (Umluft) vorheizen. Die Puddingform (24 cm Durchmesser, mit hohem Rand und Deckel) einfetten. Die Puddingmasse in die Form füllen und zudecken. Die Form in ein tiefes Backblech oder die Fettpfanne stellen, auf die mittlere Schiene in den Ofen schieben und kochend heißes Wasser in das Blech gießen. Den Deckel auflegen und den Pudding im Ofen im Wasserbad 15 bis 20 Minuten garen.

5 Für die Mandeln ein Backblech mit Backpapier auslegen. In einer großen Pfanne 100 ml Wasser mit dem Zucker, dem Vanillezucker sowie dem Zimt zum Kochen bringen. Die Mandeln hinzufügen und alles bei starker Hitze unter ständigem Rühren etwa 8 Minuten kochen lassen. Dann die Hitze reduzieren und so lange weiterrühren, bis der Zucker flüssig ist und die Mandeln gleichmäßig umhüllt sind. Die gebrannten Mandeln auf das Blech geben, rasch mit zwei Gabeln voneinander trennen und etwas abkühlen lassen.

6 Den Pudding aus dem Ofen nehmen, nur kurz abkühlen lassen und stürzen. Mit der Eierlikörsauce beträufeln und mit den warmen gebrannten Mandeln garnieren.

Haselnuss-Savarins

mit Portweinkirschen

Zutaten für 4 Personen:

3 Eier
1 unbehandelte Zitrone
60 g Zucker
Salz
1 EL Mehl
2 EL Speisestärke
70 g gemahlene Haselnüsse
50 g Butter
300 g Kirschen (ersatzweise Schattenmorellen aus dem Glas)
1 Tahiti-Vanilleschote
1 unbehandelte Limette
3 EL Honig
150 ml roter Portwein
150 ml Kirschsaft
100 g Sahne
Puderzucker zum Bestäuben

1 Den Backofen auf 180 °C vorheizen. Die Eier trennen. Die Zitrone heiß waschen, trocken reiben und die Schale fein abreiben. Die Eigelbe mit der Hälfte des Zuckers und der Zitronenschale in einer Schüssel schaumig schlagen.

2 Die Eiweiße mit 1 Prise Salz zu einem steifen Schnee schlagen, dabei den restlichen Zucker einrieseln lassen. Den Eischnee nach und nach unter die Eigelbmasse heben. Das Mehl und 1 EL Speisestärke darübersieben und ebenso wie die Nüsse unterheben. Die Butter zerlassen und vorsichtig unterrühren. Die Haselnussmasse in den Vertiefungen einer Silikon-Backmatte für Savarins (oder in einzelnen Savarinförmchen mit 7 cm Durchmesser) verteilen und im Ofen auf der mittleren Schiene 7 bis 10 Minuten backen.

3 Die Kirschen waschen, halbieren und entsteinen. Die Vanilleschote der Länge nach aufschneiden und das Mark herauskratzen. Die Limette heiß waschen, trocken reiben und die Schale fein abreiben. Den Saft auspressen. Den Honig in einer Pfanne aufschäumen, das Vanillemark, die Limettenschale und den -saft dazugeben und alles mit Portwein und Kirschsaft ablöschen. Den Sud 3 bis 5 Minuten köcheln lassen. Die restliche Speisestärke mit etwas kaltem Wasser glatt rühren und den Portweinsud damit binden. Die Kirschen hinzufügen, unterrühren und das Ragout auskühlen lassen.

4 Die Sahne steif schlagen. Die Haselnuss-Savarins aus der Form stürzen und auf Teller geben. Jeweils einige Portweinkirschen in die Mitte setzen. Mit der Sahne und nach Belieben mit Minzeblättern garnieren und mit Puderzucker bestäuben.

Warmer Schokoauflauf

mit Sabayon und Walnusseis

Zutaten für 4 Personen:

Für das Eis und den Auflauf:

150 g Walnüsse
150 g Zucker
6 Eigelb
200 ml Milch
200 g Sahne
3 EL Ahornsirup
200 g Zartbitterkuvertüre
150 g Butter
3 Eiweiß
60 g Puderzucker
5 g frische Hefe
120 g Mehl
Butter für die Formen

Für das Sabayon:

4 Eigelb
4 EL feinster Zucker
120 ml trockener Weißwein

1 Die Walnüsse im Blitzhacker klein hacken. Für das Eis 100 g Walnüsse mit 150 ml Wasser und 40 g Zucker in einem Topf aufkochen und 5 Minuten köcheln lassen.

2 In einer Metallschüssel 3 Eigelb mit 30 g Zucker und der Milch über dem heißen Wasserbad unter Rühren erwärmen, bis die Masse eingedickt ist (aber nicht kochen lassen!). Die Sahne steif schlagen. Die Eigelbmasse unter die Sahne ziehen, die karamellisierten Walnüsse und den Ahornsirup untermischen und die Masse in der Eismaschine cremig gefrieren lassen.

3 Den Backofen auf 160 °C vorheizen. Die Kuvertüre grob hacken und in einer Metallschüssel über dem heißen Wasserbad unter Rühren schmelzen. Die Butter ebenfalls über dem heißen Wasserbad zerlassen.

4 Die Eiweiße zu einem steifen Schnee schlagen, dabei 60 g Zucker einrieseln lassen. Die restlichen Eigelbe in einer Schüssel mit dem Puderzucker und der Hefe mischen und schaumig schlagen. Den Eischnee unterheben und das Mehl, die Kuvertüre und die zerlassene Butter kräftig unterrühren. Die restlichen gehackten Walnüsse hinzufügen.

5 Vier Souffléförmchen einfetten und mit 20 g Zucker ausstreuen. Die Schoko-Nuss-Masse auf die Förmchen verteilen und im Ofen auf der mittleren Schiene 20 Minuten garen.

6 Inzwischen für das Sabayon die Eigelbe mit dem Zucker und dem Wein in einer Metallschüssel über dem heißen Wasserbad dickschaumig schlagen. Den Schokoladenauflauf aus dem Ofen nehmen und mit dem Sabayon und je 1 Kugel Walnusseis auf Tellern anrichten.

Schokoladen-Macadamia-Küchlein

mit Zitrusfrüchte-Ragout

Zutaten für 4 Personen:

Für die Küchlein:

2 Eier
50 g weiche Butter
40 g Puderzucker
100 g Bitterschokolade (70 % Kakaogehalt)
50 g Zucker
50 g Mehl
50 g Macadamianüsse
Butter und Zucker für die Formen

Für das Ragout:

3 Orangen
1 Grapefruit
3 Limetten
2 Zitronen
70 g Zucker
400 ml Orangensaft
100 g Orangengelee
50 ml Grenadine (Granatapfelsirup)
2 EL Grand Marnier (franz. Orangenlikör)
5 Minzeblätter

1 Für die Küchlein den Backofen auf 180 °C vorheizen. Die Eier trennen. Die Butter mit dem Puderzucker in einer Schüssel weißschaumig schlagen. Dann nacheinander die Eigelbe hinzufügen und unterrühren.

2 Die Schokolade grob hacken und in einer Metallschüssel über dem heißen Wasserbad unter Rühren schmelzen lassen. Lauwarm abkühlen lassen. Die flüssige Schokolade zur Eigelb-Butter-Masse geben und unterrühren.

3 Die Eiweiße zu einem steifen Schnee schlagen, dabei den Zucker einrieseln lassen. Den Eischnee abwechselnd mit dem Mehl unter die Schokoladenmasse heben. Die Macadamianüsse hacken und ebenfalls unterheben.

4 Vier Tarteletteförmchen (8 cm Durchmesser) einfetten und mit Zucker ausstreuen. Die Schokoladenmasse auf die Förmchen verteilen und im Ofen auf der mittleren Schiene 15 bis 20 Minuten backen.

5 Für das Ragout die Zitrusfrüchte mit einem scharfen Messer so großzügig schälen, dass auch die weiße Haut mit entfernt wird, und die Fruchtfilets aus den Trennhäuten schneiden. Den Zucker in einem Topf karamellisieren und mit dem Orangensaft ablöschen. Das Gelee und den Sirup hinzufügen und alles sirupartig einkochen lassen. Den Likör dazugeben, die Zitrusfruchtfilets untermischen und das Ragout abkühlen lassen.

6 Die Minzeblätter waschen, trocken tupfen und in feine Streifen schneiden. Die Minzestreifen unter das Ragout mischen. Die noch warmen Schokoladen-Macadamia-Küchlein mit dem Zitrusfrüchte-Ragout anrichten.

Schokoladen-Himbeer-Tartelettes

mit weißem Kaffee-Eis

Zutaten für 4 Personen:

Für das Eis:

250 ml Milch
250 g Sahne
100 g Zucker
50 g Kaffeebohnen
1 EL Tahiti-Vanillezucker (z. B. von Johann Lafer)
2 Eier
2 Eigelb

Für die Tartelettes:

100 g Butter
150 g Mehl
100 g Zucker
1 Eigelb · Salz
Butter für die Form
Mehl zum Bestäuben und für die Arbeitsfläche
100 g Bitterschokolade (70 % Kakaogehalt)
100 g Sahne
50 g Crème fraîche
500 g Himbeeren
Puderzucker zum Bestäuben

1 Für das Eis die Milch mit der Sahne, dem Zucker, den Kaffeebohnen und dem Vanillezucker in einem Topf aufkochen und die Mischung 30 Minuten ziehen lassen.

2 Die Kaffeesahne nochmals erhitzen. Die Eier und die Eigelbe mit dem Schneebesen in einer Metallschüssel verrühren und die heiße Kaffeesahne unter ständigem Rühren hinzufügen. Die Mischung über dem heißen Wasserbad cremig rühren und auf 70 bis 75 °C erhitzen (Küchenthermometer). Vom Wasserbad nehmen, durch ein Sieb gießen und auskühlen lassen. In der Eismaschine cremig gefrieren lassen.

3 Für die Tartelettes die Butter in Würfel schneiden und mit dem Mehl, der Hälfte des Zuckers, dem Eigelb und 1 Prise Salz in der Küchenmaschine zu einen glatten Teig verkneten. Den Mürbeteig in Frischhaltefolie wickeln und im Kühlschrank 30 Minuten ruhen lassen.

4 Den Backofen auf 160 °C vorheizen. Vier Tarteletteförmchen (8 cm Durchmesser) einfetten und mit Mehl bestäuben. Den Teig auf der bemehlten Arbeitsfläche dünn ausrollen und in der Größe der Förmchen Kreise ausstechen. Die Förmchen mit dem Teig auskleiden und die Ränder andrücken. Die Tartelettes im Ofen auf der mittleren Schiene 10 bis 15 Minuten backen. Herausnehmen, aus den Förmchen lösen und abkühlen lassen.

5 Die Schokolade grob hacken. Die Sahne und den restlichen Zucker in einem Topf erwärmen. Die Schokolade dazugeben und unter Rühren schmelzen. Die Schokoladencreme abkühlen lassen und dann die Crème fraîche unterrühren. Die Creme in die Mürbeteig-Tartelettes füllen und 10 Minuten kühl stellen.

6 Die Himbeeren verlesen, kurz abbrausen und trocken tupfen. Etwa 400 g Himbeeren auf den Törtchen verteilen und mit Puderzucker bestäuben. Die restlichen Beeren mit dem Stabmixer pürieren.

7 Die Schokoladen-Himbeer-Tartelettes und das Kaffee-Eis auf Desserttellern anrichten und mit dem Himbeerpüree garnieren.

Warme Schokoküchlein

mit Orangeneis

Zutaten für 4 Personen:

Für das Eis:

1 Vanilleschote
5 Orangen
(davon 1–2 unbehandelt)
500 g Sahne
2 EL Orangenlikör
8 Eigelb
200 g Zucker

Für die Küchlein:

Butter und Zucker für die Formen
60 g Zartbitterkuvertüre
60 g weiche Butter
4 Eier
60 g Zucker

Für die Orangen:

5 Orangen
20 g Zucker
2 cl Bitterorangenlikör
40 g kalte Butter
Puderzucker zum Bestäuben

1 Für das Eis die Vanilleschote der Länge nach aufschneiden und das Mark herauskratzen. Die unbehandelten Orangen heiß waschen, trocken reiben und 3 TL Schale fein abreiben. Die restlichen Orangen auspressen und 500 ml Saft abmessen.

2 Die Sahne in einem Topf mit dem Vanillemark, der Orangenschale und dem -saft sowie dem Orangenlikör verrühren und langsam zum Kochen bringen. Dann die Mischung vom Herd nehmen. Die Eigelbe mit dem Zucker verrühren und unter Rühren in die heiße Orangensahne gießen. So lange weiterrühren, bis die Masse anfängt, dickcremig zu werden. Durch ein Sieb gießen und in der Eismaschine cremig gefrieren lassen.

3 Für die Küchlein den Backofen auf 200 °C (Umluft) vorheizen. Vier Souffléförmchen (10 cm Durchmesser) einfetten und mit Zucker ausstreuen. Die Kuvertüre grob hacken und in einer Metallschüssel über dem heißen Wasserbad unter Rühren schmelzen und etwas abkühlen lassen. Die Butter in Würfeln unterrühren und schmelzen lassen.

4 Die Eier trennen. Die Eigelbe mit 40 g Zucker in einer Metallschüssel über dem heißen Wasserbad schaumig schlagen, bis die Masse etwas wämer als handwarm (etwa 45 °C) geworden ist. Anschließend vom Wasserbad nehmen und die Eigelbcreme kalt schlagen. Dann die Schokobutter unterrühren. Die Eiweiße steif schlagen, dabei den restlichen Zucker einrieseln lassen. Den Eischnee vorsichtig unter die Schokoladenmasse heben und die Masse halbhoch in die Förmchen füllen. Die Küchlein im Ofen auf der mittleren Schiene 8 bis 10 Minuten backen.

5 Inzwischen für die Orangen 2 Orangen so großzügig schälen, dass auch die weiße Haut mit entfernt wird. Die Fruchtfilets aus den Trennhäuten schneiden. Die restlichen Orangen halbieren und auspressen, 250 ml Saft abmessen. Den Zucker in der Pfanne karamellisieren und mit dem Orangensaft ablöschen. Den Likör dazugeben und die Sauce auf die Hälfte einköcheln lassen. 20 g kalte Butter unterrühren und die Sauce damit binden. Die restliche Butter in einer Pfanne erhitzen, die Orangenfilets darin auf beiden Seiten scharf anbraten und in die Sauce geben.

6 Die Küchlein aus dem Ofen nehmen und sofort auf Dessertteller stürzen. Mit dem Orangeneis sowie den Orangenfilets und der Sauce anrichten. Mit Puderzucker bestäuben.

Heidelbeerkuchen

mit Baiserhaube

Zutaten für 1 Blech:

Butter für das Blech
1 kg Heidelbeeren
200 g Marzipanrohmasse
2 Vanilleschoten
225 g weiche Butter
375 g Zucker
Salz
10 Eier
375 g Mehl
1 Päckchen Backpulver
3 EL Milch
1 TL Zitronensaft
1 Päckchen Vanillezucker
200 g Sahne

1 Den Backofen auf 175 °C vorheizen. Ein Backblech einfetten. Die Heidelbeeren verlesen, kalt abbrausen und trocken tupfen. Das Marzipan zerkleinern. Die Vanilleschoten der Länge nach aufschneiden und das Mark herauskratzen.

2 Die Butter mit 125 g Zucker, dem Vanillemark, 1 Prise Salz und dem Marzipan in einer Schüssel verrühren. Nach und nach 6 Eier hinzufügen und unterrühren. Das Mehl mit dem Backpulver mischen und mit der Milch unter die Marzipanmasse rühren.

3 Den Teig auf dem Blech verteilen und glatt streichen. Die Heidelbeeren daraufgeben und den Kuchen im Ofen auf der mittleren Schiene 20 bis 25 Minuten backen.

4 Die restlichen Eier trennen. Die Eiweiße mit dem Zitronensaft zu einem steifen Schnee schlagen. Dabei den übrigen Zucker und den Vanillezucker einrieseln lassen. Die Baisermasse in einen Spritzbeutel mit großer Lochtülle füllen.

5 Den Heidelbeerkuchen aus dem Ofen nehmen, die Baisermasse daraufspritzen und den Kuchen weitere 15 Minuten backen, bis das Baiser fest geworden ist.

6 Die Sahne steif schlagen. Den Kuchen aus dem Ofen nehmen, abkühlen lassen und zum Servieren in Stücke schneiden. Nach Belieben mit Puderzucker bestäuben und mit der geschlagenen Sahne servieren.

Mein Tipp

Damit der Eischnee steif wird, sollten Sie darauf achten, dass alle Geräte, wie z. B. Schüssel und Quirle, sauber und fettfrei sind. Außerdem müssen die Eiweiße und Eigelbe sorgfältig getrennt werden, damit ja kein Fett in den Eischnee gelangen kann.

Getränkter Gugelhupf

mit Johannisbeeren

Zutaten für 4 Personen:

125 ml Milch
1 Würfel frische Hefe (42 g)
180 g Zucker
500 g Mehl
200 g Rote Johannisbeeren
2 Vanilleschoten
2 unbehandelte Zitronen
5 Eier
Salz
200 g weiche Butter
Butter für die Formen
50 g Mandelblättchen
2 EL brauner Zucker
200 ml trockener Rotwein
3 cl Cassislikör
(Schwarzer Johannisbeerlikör)
4 Rispen Johannisbeeren

1 Für den Vorteig die Milch lauwarm erwärmen. Die Hefe mit den Fingern zerbröckeln und mit 80 g Zucker in der Milch auflösen. 100 g Mehl dazugeben und glatt rühren. Den Vorteig zugedeckt an einem warmen Ort 15 Minuten gehen lassen. Die Johannisbeeren von den Rispen streifen, verlesen, kurz abbrausen und trocken tupfen.

2 Das restliche Mehl in eine Schüssel sieben. Eine Vanilleschote der Länge nach aufschneiden und das Mark herauskratzen. Die Zitronen heiß waschen, trocken reiben und von 1 Zitrone 1 TL Schale fein abreiben. Die Eier mit dem Vanillemark, der Zitronenschale, 1 Prise Salz und dem Vorteig zum Mehl geben und alles mit den Knethaken des Handrührgeräts zu einem glatten, halbflüssigen Teig verkneten. Zunächst die weiche Butter und dann die Johannisbeeren vorsichtig unterkneten und den Hefeteig zugedeckt an einem warmen Ort etwa 30 Minuten gehen lassen, bis er sein Volumen verdoppelt hat.

3 Vier Gugelhupfförmchen (10 bis 12 cm Durchmesser) einfetten und mit den Mandeln und dem braunen Zucker ausstreuen. Den Hefeteig vierteln, in die Formen füllen und zugedeckt nochmals 30 Minuten gehen lassen.

4 Den Backofen auf 160 °C vorheizen. Die Küchlein im Ofen auf der mittleren Schiene 30 bis 35 Minuten backen.

5 Inzwischen für den Sirup die restliche Vanilleschote der Länge nach aufschneiden und das Mark herauskratzen. Die Schale der übrigen Zitrone fein abreiben und den Saft auspressen. Den restlichen Zucker, den Wein, das Vanillemark, den Likör sowie die Zitronenschale und den -saft in einen Topf geben und einmal aufkochen lassen. Den Sud mit den Gewürzen auskühlen lassen und durch ein Sieb gießen.

6 Die Kuchen aus dem Ofen nehmen, noch warm aus den Förmchen stürzen und mit dem Sirup tränken. Die Kuchen mit jeweils 1 Johannisbeerrispe garnieren.

Käsekuchen »Horst«

mit Ricotta und Eierlikör

Zutaten für 1 Kuchen:

1 Vanilleschote
1 unbehandelte Zitrone
2 Eier
60 g Zucker
350 g Ricotta
6 EL Eierlikör
3 EL Speisestärke
Salz · 40 g Rosinen
2 Msp. Zimtpulver
Butter und 2 TL Mehl für die Form

1 Den Backofen auf 200 °C vorheizen. Die Vanilleschote der Länge nach aufschneiden und das Mark herauskratzen. Die Zitrone heiß waschen, trocken reiben und die Schale fein abreiben. Den Saft auspressen.

2 Die Eier mit dem Zucker und dem Vanillemark in einer Schüssel mit den Quirlen des Handrührgeräts schaumig rühren. Den Ricotta mit der Zitronenschale, dem Eierlikör, der Speisestärke und 1 Prise Salz hinzufügen und alles gut mischen. Dann die Rosinen unterheben und die Ricottamasse mit Zimt und Zitronensaft abschmecken.

3 Die Springform (26 cm Durchmesser) einfetten und mit Mehl bestäuben. Den Teig hineingeben, glatt streichen und den Kuchen im Ofen auf der mittleren Schiene 30 bis 35 Minuten goldbraun backen.

4 Den Käsekuchen aus dem Ofen nehmen und abkühlen lassen. In Stücke schneiden und auf Tellern anrichten.

Mein Tipp

Werden bei einem Käsekuchen Quark bzw. Ricotta mit ganzen Eiern verrührt, bleibt der Kuchen flach, wie es auch bei diesem Rezept der Fall ist. Nur Kuchen, die mit steif geschlagenen Eiweißen zubereitet werden, gehen im Ofen auf.

▸▸▸ HORST LICHTER

Meine Oldiethek lebt und steckt voller Geschichten... Überzeugt Euch selbst davon und verbindet doch einfach mal eine Besichtigung mit einem Besuch im Café. Hier habt Ihr die Möglichkeit, Euch mit leckerem Kaffee und hausgemachtem Kuchen, sowie Kleinigkeiten zum Speisen verwöhnen zu lassen.

Ihr findet meine Oldiethek an der Landstrasse 31 in 41569 Rommerskirchen/Butzheim.
Tel.: 02183-81855
Email: post@horst-lichter.de

JOHANN LAFER ◂◂◂

Wenn Sie meine Produkte bestellen möchten, ob Sie sich über etwas Bestimmtes informieren oder mir schreiben möchten, auf meiner Site im Internet finden Sie viele interessante Dinge: www.johannlafer.de.

Natürlich würde ich mich sehr freuen, Sie auch einmal in einem meiner beiden Restaurants am Fuße des Hunsrücks begrüßen zu können. In Johann Lafer's Stromburg in 55442 Stromberg können Sie meine kulinarischen Kreationen genießen. Und wenn Sie einmal Lust auf einen Kochkurs haben, kontaktieren Sie das Forum für Kochkultur und Lebensart, Hauptstraße 3 in 55452 Guldental.

BISCUITS
DELACRE